HISTOIRE

DU

MONASTÈRE,

DE LA VILLE ET DES CHATEAUX

DU

MONASTIER,

Par l'abbé Théodore de C** de L'HERM.

IMPRIMERIE D'ALEXIS GUILHAUME,

AU PUY, RUE DU COLLÉGE.

—

1855.

DÉDICACE.

À Monseigneur de MORLHON, évêque du Puy.

MONSEIGNEUR,

Je viens, avec votre permission, raconter à vos diocésains, qui vous aiment et vous vénèrent, l'histoire du plus beau et du plus ancien monastère du Velay. Sous vos auspices, je serai le bienvenu, je remplirai heureusement une mission édifiante, et j'aurai de nombreux lecteurs de la vie de nos glorieux protecteurs, saint Eude, saint Théofrède et saint Savinien, premiers abbés du couvent fondé par saint Calmin. L'on admirera, au fond d'un passé de douze siècles, les grandes figures de ces personnages brillant, aux rayons de l'histoire, de l'éclat de toutes les vertus, et le spectacle de leur vie céleste inspirera l'horreur d'un monde qui s'enivre de passions brutales, auxquelles il immole la justice, la religion et Dieu même.

L'honneur que vous me faites, Monseigneur, de me lire le premier, me récompense d'un travail qui se ressent trop de mon peu de capacité, et pour lequel je réclame l'indulgence des Saints qui en sont l'objet, la vôtre et celle du public.

Je suis avec le plus profond respect,

Monseigneur,

De Votre Grandeur,

Le très-humble, très-obéissant et très-affectionné serviteur.

L'abbé DE C** DE L'HERM.

PRÉFACE.

Après avoir réuni, à force de recherches, un fond de matériaux pour l'histoire du monastère et de la ville du Monastier, je me suis trouvé désappointé. Que faire d'une foule de petits faits qui n'étaient ni suivis, ni circonstanciés, ni développés, ni susceptibles de l'être. J'ai dû me borner à les classer et à les exposer dans leur ordre chronologique. Edifians, instructifs, curieux de leur nature, ils intéresseront encore le lecteur, qui regrettera peu de ne pas les voir embellis des ornemens du style ou disséminés à la surface fleurie des petites théories à la mode. Au lieu du rôle d'historien, j'ai pris celui d'annaliste.

Le monastère de Saint-Chaffre a fait une bonne et grande figure à travers les onze siècles de son existence, et ce n'est pas au Monastier de le reléguer dans l'oubli. Cette petite ville lui doit son nom, ses développemens et ses prospérités, à telles enseignes que la suppression du couvent l'a frappée de décadence. Les biens qui soutenaient la plupart des familles ont passé exclusivement dans les mains de quelques-unes.

Fils de bonne maison, les moines apportaient une dot; les personnes pieuses faisaient des fondations; les évêques et les seigneurs, des donations. A qui profitait cette abondance, si ce n'est à la ville.

Le couvent était éclairé et puissant; le peuple y avait recours dans ses maladies, ses contestations, ses mauvaises affaires. Il y trouvait assistance, consolation, protection, direction.

La ville fut à peine deux ou trois fois le théâtre d'évènemens mémorables. Naissante, les Sarrasins la bouleversèrent; dans l'âge de sa force, elle subit deux ans les vexations des Routiers qui la ruinèrent et lui brûlèrent un faubourg; et, plus tard, elle eut encore à souffrir des guerres de la Ligue. Telles furent ses plus rudes épreuves.

Ceux qui cherchent la vérité historique la trouveront ici. J'ai contrôlé, vérifié tous les détails, écarté ce qui m'a paru d'origine suspecte. Les sources où j'ai puisé sont si diverses qu'il y aurait trop à faire pour les signaler. Chaque fait porte, du reste, le sceau de son authenticité, et il n'en est pas un dont on ne puisse dire : Ce n'est pas ainsi qu'on invente.

HISTOIRE

DU MONASTÈRE, DE LA VILLE ET DES CHATEAUX
DU MONASTIER.

I.

LE MONASTÈRE.

FONDATION DU MONASTÈRE. — HAGIOGRAPHIE DES TROIS
PREMIERS ABBÉS DU MONASTÈRE. — SÉRIE DES AUTRES
ABBÉS. — DONATIONS, FONDATIONS ET AUTRES FAITS
HISTORIQUES SOUS LEURS GOUVERNEMENS SUCCES-
SIFS.

La rivière de Colanse, ainsi appelée du nom
d'un village de Chadron, près duquel elle se
jette dans la Loire, a son lit au pied du versant
oriental des mamelons jumeaux de Breysse et
du versant opposé d'un mont allongé, dit la
Moutette, terminé par un plateau maintenant
cultivé.

Ce fut au milieu du coteau fertile de la
Moutette que quelques Aquitains ou Vélauniens
bâtirent d'abord un groupe d'habitations rusti-
ques qui portèrent le nom d'Amnoric jusqu'à la
fin du VIIe siècle, époque à laquelle elles s'é-
taient multipliées assez pour atteindre les pro-
portions d'un bourg de ce temps.

Il y avait, à une demi-lieue au nord, un hameau, plus ancien, dit-on, qui existe encore et

qui se nommait et se nomme toujours le Villard.
Il est situé à la naissance et dans une anse
d'une montagne appelée le Mont, séparée de
la Moutette par une profonde dépression de
terrain qui donne passage à la route du Puy à
Montpezat.

A la fin du règne de Thierry III, vers l'an
680, un personnage illustre, qui possédait une
terre au hameau du Villard où il se plaisait,
sans doute parce qu'on y a le spectacle du
panorama si pittoresque du Velay, vint s'y retirer par amour de la retraite. C'était Calmin ou
Calmilius, issu de famille sénatoriale et duc
d'Auvergne. De son duché relevaient le Velay
et d'autres parties de l'Aquitaine, beaucoup de
villes, de villages et de châteaux. Il brillait par
son opulence, par ses grandes connaissances et
par le commerce qui faisait fleurir ses états; il
était plus grand encore par sa religion. Sa conduite était d'un homme vertueux et d'un par-
fait chrétien. Elle était à la hauteur de sa dignité
ducale. Il était la providence des pauvres auxx-
quels il distribuait ses immenses revenus. Il exerçait sa puissance avec une extrême mansuétude
et il était aimé de Dieu, aimé des hommes.

Un jour, se sentant animé d'une inspiration
céleste, il quitte sa cour et Clermont, sa capi-
tale, pour se retirer au Villard avec un seul
compagnon, vieillard d'une sagesse consommée.
Là, il se livre, dans la retraite, à la méditation

de la vanité des grandeurs passagères de ce
monde, il les méprise et il prend la résolution
d'échanger ses biens périssables contre les biens
immortels.

Une grande partie de sa fortune sera consa-
crée à la fondation de plusieurs églises et monastères qu'il dotera, afin que les religieux se
livrent en liberté au service de Dieu.

Le bourg d'Amnoric, voisin du Villard, lui
paraît propre à une première exécution de ce
pieux dessein. Il y fait donc bâtir une église
d'abord et ensuite un monastère. Dès-lors, de
son nom on appelle ce lieu Carmère ou Carméry. Ainsi, ce qu'il a fondé par son industrie
portera son nom à la reconnaissance de la postérité. Mais il manque encore à sa fondation
une autorisation canonique, et il part pour
Rome afin de l'obtenir.

Chemin faisant, il rencontre trois pèlerins
avec lesquels il lie conversation. L'un d'eux lui
parle de Lérins en Provence dont il raconte
de grandes choses. Le prince le prie de lui
faire connaître le genre de vie de cette grande
maison et le nombre des cénobites qui y ser-
vent Dieu. Le pèlerin satisfait sa pieuse curiosité et il est ravi des récits qu'il vient d'entendre.

Son pèlerinage accompli et son but atteint,
Calmilius part de Rome avec ses trois compagnons qui l'avaient tant édifié en y allant, mais
il se détourne de son chemin pour aller visiter
Lérins.

Il y avait alors, à la tête de ce monastère célèbre, un abbé nommé Maxime, qui avait la réputation d'un saint. Calmilius lui fait l'histoire de sa fondation au bourg de Carmère, et il lui fait entendre qu'il y manque encore un abbé et des religieux. J'ai ici un homme, lui répond Maxime, recommandable par sa science des choses de Dieu et par ses vertus ; je vous le donnerai pour abbé.

Eudes était le nom du religieux dont parlait Maxime. Il était d'une illustre naissance, d'une taille élevée, d'une grande maturité d'âge et d'une haute distinction. L'abbé de Lérins lui adjoignit quelques frères à qui il le recommanda, leur rappelant qu'il l'avait élevé lui-même dans la sainte discipline du Christ et qu'il en avait fait son ami intime dont il s'était cru inséparable.

La petite colonie part. Eudes, le duc et leurs compagnons de voyage arrivent à Carmère qui, ainsi pourvu, est dédié à saint Pierre et ouvre sous la Règle de saint Benoît, qu'on suivait à Lérins.

Bientôt, grâce au zèle de l'abbé, le monastère compta de nombreux religieux et se vit dans l'abondance par les largesses de son fondateur, qui le dota de ses biens situés dans le voisinage.

Un fragment de la chronique de cette maison nous apprend qu'après ces dispositions le duc se retira en Auvergne et fonda encore un monastère à Mauzac, diocèse de Clermont, où il mourut en odeur de sainteté, ainsi que la duchesse Amadie, sa femme. Le Martyrologe romain a placé la fête de saint Calmin au 20 d'octobre.

Il fut honoré d'un culte public. Sa fête était solennelle, à la messe on chantait l'oraison suivante :

Ecclesiam tuam, Domine, beati Calminii confessoris tui votiva solemnitas lœtificet et spiritualibus semper muniatur auxiliis et gaudiis perfrui mereatur æternis, per Dominum nostrum, etc.

La prose commençait par cette strophe :

O decus egregium sanctorum, Christe, tuorum
A quo sunt facti, per quem sunt glorificati,
Hâc die Calminio cœlum das scandere sanctum.

L'hymne des vêpres commençait par la strophe suivante :

Sol, Christe, veri luminis,
Dux atque veri tramitis,
Hunc qui diem Calminii
Sancti sacrasti transitu.

Quant à l'abbé Eudes, il était frère utérin de Leufroy, comte de la ville d'Orange. Dès l'âge le plus tendre, il se signala par sa piété et, dans l'âge fait, après avoir terminé ses études avec une grande distinction, il devint archidiacre de St-Pol-Trois-Châteaux. Mais bientôt il se démit de cette dignité pour se faire moine dans le monastère de Lérins, dont il suivit la règle jusqu'à ce que son abbé l'envoya à Carmère en Velay./

Il avait gouverné déjà assez longtemps ce nouveau monastère avec la sagesse d'un saint, lorsque, le voyant marcher avec une parfaite régularité, il se décida à faire une visite à ses frères de Lérins. Leufroy en eut avis et apprit en même temps qu'à son retour il devait passer quelques jours à St-Pol-Trois-Châteaux. Il alla l'attendre dans cette ville pour avoir la satisfaction de le voir, et il mena son fils avec lui.

Le fils de ce grand seigneur se nommait Thiéfry, Theufroy ou Théofrède. On avait pris un soin d'autant plus grand de son éducation, qu'étant fils unique, il était le seul soutien de sa maison et l'héritier d'une grande fortune. Mais, dans le cours de ses études, il avait fait paraître par son goût pour les exercices de piété que le monde avait pour lui peu d'attraits.

Il avait entendu parler souvent chez son père de la grande sainteté de son oncle Eudes, abbé de Carméry, et toujours il s'était senti un ardent désir de l'imiter La présence du saint homme raviva donc encore l'ardeur du jeune Theufroy pour la vie religieuse, et il choisit un moment favorable pour se trouver seul avec cet oncle vénéré. Il lui ouvrit son cœur, lui déclara son dessein et le pria d'en parler à son père.

Eudes, agréablement surpris, reconnut dans cet entretien que le désir de son neveu n'était pas un premier mouvement irréfléchi, mais une résolution prise depuis longtemps, qui ne pouvait lui avoir été inspirée que de Dieu. Il lui promit de l'aider de tout son pouvoir, mais il ne lui dissimula pas les difficultés dont la principale serait d'obtenir le consentement de son père.

Celui-ci fut en effet consterné lorsque le saint abbé lui fit connaître le dessein de son fils. Il le fut d'autant plus qu'il éprouvait plus de chagrin de rompre l'avenir de sa famille dont l'extinction suivrait nécessairement une telle résolution. Il n'oublia rien pour l'en détourner ; mais, en homme sage et en bon père, il se contenta d'employer les moyens de la persuasion, sans recourir à la contrainte.

Il lui représenta que le peuple d'Orange jetait sur lui des regards de complaisance ; qu'il reportait sur le fils son respect et son amour pour le père ; que l'espoir de le voir un jour à sa tête le rendait déjà fier et qu'il serait indigne de tromper sa légitime attente ; que, pour lui, il touchait à la fin de ses jours et qu'il descendrait avec un amer chagrin dans la tombe, s'il voyait sortir de sa famille son palais, ses richesses et sa dignité.

Mais Théofroy resta inébranlable, il ne faiblit point, il ne fut pas même ému des accens de la voix paternelle. Tel un rocher élevé demeure immobile au milieu d'un fleuve dont les flots agités viennent se briser contre lui avec fracas.

Leufroy voyant sa résolution irrévocable, se crut obligé de lever les obstacles qu'il y avait opposés. Il abandonna son fils à la conduite de son frère et se consola par l'espérance que Dieu agréerait le sacrifice qu'il lui faisait de toute sa famille, dans la personne de son fils unique.

Theufroy n'eut pas plutôt obtenu le consentement de son père, que son oncle l'abbé, qui avait attendu la fin de ce touchant combat, le mena au monastère de Carméry, où il fut reçu de tous les frères avec la joie la plus vive.

Peu de temps après, il y fit profession de la vie monastique et il en remplit tous les devoirs avec beaucoup d'exactitude. Au bout de quelques années, lorsqu'on le vit suffisamment affermi dans la vertu, on lui commit le soin des affaires du dehors ; mais toutes les distractions que put lui causer cet emploi ne diminuèrent rien à son ardeur pour suivre la règle et les exercices de la maison.

Dans un des voyages auxquels son office l'engageait de temps en temps, il fit, à Menat en Auvergne, la connaissance de trois jeunes hommes qui se nommaient Ménélé, Savinien et Constance. Ils étaient d'Angers. Ménélé lui aconta qu'un certain Baronté, homme riche et distingué par sa naissance, avait voulu lui donner sa fille unique en mariage, et que son père avait voulu, de son côté, la lui faire épouser, mais qu'ayant fait vœu de chasteté il avait refusé ce brillant parti plutôt que de violer son vœu, et qu'il avait dû fuir la maison paternelle, devenue pour lui périlleuse. Ses deux compagnons étaient deux amis qui l'avaient suivi par sympathie.

Theufroy leur parla du monastère de Carnère et leur fit la proposition de les y conduire. Aucune offre ne pouvait leur être plus agréable; ils l'acceptèrent avec joie et le suivirent. Eudes les admit sur la présentation et la recommandation de son neveu. Ils firent leur noviciat et leurs études et passèrent sept ans dans la maison ; puis, ils retournèrent à Menat, où Theufroy les avait rencontrés. Ils restaurèrent l'ancien couvent de ce village qui s'appelait alors les Mines, et qui.a pris le nom de Menat de celui de Ménélé, qui devint abbé du couvent, y mourut et fut honoré comme saint.

Eudes ne cessait de louer Dieu des grâces singulières dont il favorisait son neveu. Se voyant près de mourir, il le désigna pour son successeur, parce qu'il l'en croyait le plus digne et le plus capable. Toute la communauté, qui en était également convaincue, approuva son choix, et Teufroy le justifia par la manière dont il gouverna le monastère. Sa conduite répondit avantageusement à ce qu'on s'était promis de sa vertu, de sa sagesse et de ses lumières.

Theufroy eut pour tous les religieux une affection de père. Il fut toujours attentif à leurs besoins et il ne s'appliqua pas moins à les prévenir qu'à y pourvoir. Il les animait par ses exemples autant que par ses paroles à avancer de plus en plus dans la piété. Il écartait avec beaucoup de prévoyance tout ce qui aurait pu nuire ou faire diversion à leur solitude et à leur paix. Il avait soin de les mettre à couvert des dangers auxquels les exposaient les pièges du dehors. Il ne permettait point aux femmes d'entrer dans son église. Cette précaution était alors commune dans les monastères; mais il souffrait qu'elles se tinssent du côté de la porte, où il avait fait placer des sièges pour celles qui auraient la dévotion d'y venir prier ou recevoir des instructions. Il avait reçu le double don de la prudence du serpent et de la douceur de la colombe.

Saint Eudes était mort en 718, le 20 novembre, jour auquel tombe sa fête, et il y avait déjà dix ans que Theufroy gouvernait paisiblement son monastère, lorsque les Sarrasins, faisant leurs courses dans le Languedoc et dans les provinces voisines, vinrent fondre sur le Gévaudan et sur le Velay, ne laissant rien sur leur passage; le fer et la flamme à la main, ils portaient la désolation dans les châteaux, les villages, les églises et les monastères, ravageaient les terres, massacraient les habitans et les religieux.

Apprenant que ces barbares s'approchaient de son monastère pour le piller et répandre le sang des serviteurs de Dieu, Theufroy ordonna à ses frères de se retirer dans la forêt voisine avec tout ce qu'ils pourraient emporter du mobilier de la maison. Pour lui, il se persuada que sa qualité de pasteur lui faisait un devoir de demeurer dans le monastère et de ne point abandonner l'église confiée à sa garde.

Surmontant le regret qu'ils éprouvaient de laisser leur père chéri à la merci des barbares, ses disciples allèrent donc se cacher dans le bois, hormis deux qui voulurent rester auprès de lui; mais, à l'approche des ennemis, il les obligea à fuir dans la montagne qui est au-delà de la petite rivière de Colanse.

Satisfait d'avoir ainsi pourvu à la sûreté de tous ceux qui lui étaient chers, il ne songea plus qu'à implorer la miséricorde divine sur les peuples du pays et sur lui-même, et à se préparer à tout événement avec une entière soumission aux ordres de la Providence.

Cependant une nuée de Maures fond sur le bourg de Carméry et le saccage. Mais, lorsqu'ils entrent au monastère, dont ils croyaient surprendre les religieux et piller les biens, ils le trouvent abandonné et ils reconnaissent que les frères ont pris la fuite, emportant avec eux ce qu'ils avaient de précieux. Leur fureur se tourne alors contre le saint abbé qu'ils trouvent prosterné dans l'église, et ils le battent si cruellement qu'ils le laissent pour mort.

Le lendemain, apprenant qu'ils célébraient une fête de leur religion, Theüfroy ranime son zèle contre leurs impiétés, et, tout meurtri qu'il était, il va les reprendre de leurs abominations. Ils ne furent pas peu étonnés de voir et d'entendre parler un homme qu'ils croyaient mort. Leur sacrificateur, plus emporté qu'eux, ne répondit à ses remontrances que par un grand coup de pierre dont il lui fit à la tête une blessure qui devint mortelle.

Mais il survint bientôt un grand orage qui mit en fuite ces brigands, les effraya et les fit renoncer au dessein d'incendier le monastère qu'ils avaient mis déjà dans un état horrible.

Le saint survécut encore cinq ou six jours à ses blessures et eut la consolation de voir revenir tous ses religieux sans qu'il fût arrivé du mal à aucun d'eux. Il employa le temps qui lui restait à les exhorter à demeurer toujours étroitement unis par le nœud de la charité et fidèles à Dieu dans l'exécution des promesses qu'ils lui avaient faites. Il rendit ensuite son âme à son créateur, le 18 novembre, qui passe pour le jour de sa mort, l'an 728, et fut honoré comme un martyr de la vérité et de la charité.

Son nom ne se trouve ni dans les anciens Martyrologes, ni dans le Romain moderne ; mais il est dans celui des Bénédictins, le 18 novembre, qui est aussi le jour de l'office de ce martyr dans le Bréviaire du Puy. La mémoire de saint Théofrède fut toujours en grande vénération dans le diocèse ; et, dans l'Auvergne comme dans l'Anjou, il en fut de même de celle de saint Ménélé, son disciple.

Quant au monastère, les Sarrasins ne l'avaient pas tellement saccagé et ravagé qu'il fût resté inhabitable. Les religieux, rentrés de la forêt où ils s'étaient cachés durant l'incursion des barbares, n'eurent donc pas à se disperser. Ils s'y établirent de leur mieux, en y faisant quelques réparations, et ils élurent un nouvel abbé qui se nommait Savinien.

Cette élection se fit sous le règne de Thierry IV, lorsque Charles Martel était maire du Palais, et Savinien gouverna le monastère de Carméry jusqu'à la fin de ce règne.

Estiennot veut que Savinien ait été abbé de Menat ; mais il se trompe, et son erreur vient de ce que l'abbé Savinien, de Carméry, était l'homonyme de celui qui avait suivi à Menat saint Ménélé, son ami, son compagnon et son compatriote, et qui fut, probablement, rappelé à Carméry pour en être abbé. Quoi qu'il en soit, Savinien, abbé de Carméry, fut honoré comme saint après sa mort.

Nous connaissons maintenant les commence-
mens du monastère de Carmère. Il eut pour
fondateur le duc d'Auvergne Calmilius, seigneur
aussi religieux qu'illustre, et trois saints pour
premiers abbés. Nous allons faire, de la série
des autres abbés, le fil conducteur de l'histoire
de ce monastère, qui fut le plus ancien, le
plus important et le plus célèbre du diocèse et
de la province du Velay.

A saint Eudes, premier abbé, avait succédé
saint Théofrède, appelé vulgairement saint
Chaffre, saint Chaffré, saint Chaffry, second
abbé.

A saint Théofrède avait succédé saint Savi-
vien, troisième abbé.

A saint Savinien succéda l'abbé Bodon.

Bodon fut le 4e abbé de Carméry-St-Chaffre,
qui s'appela bientôt le Monastier-St-Chaffre.
Bodon gouverna sous Childéric III. Ce prince
lui accorda l'immunité qu'il lui avait demandée
pour son Abbaye.

Galtère fut le 5e abbé. Pepin le Bref, par
une charte datée de la première année de son
règne, 752, lui confirma l'immunité dont il
jouissait et lui institua une espèce de souverai-

)eté dans son voisinage. Il accorda au bourg,
ifin, dit-il, que le lieu fût plus fréquenté, un
narché par semaine, qui se tiendrait le jeudi,
.uprès de l'église St-Jean.

Ductran fut le 6e abbé. Il gouverna d'abord
sous le règne de Charles-Magne, ensuite sous
celui de Louis le Débonnaire. Bérenger, comte
le Toulouse et du Velay, fit restaurer l'église
et le couvent qui avaient beaucoup souffert de
l'invasion des Sarrasins et depuis, et, en 815,
l donna le monastère à Louis le Débonnaire
qui ne le retint pas et envoya des lettres de
franchise à l'abbé.

Rostaing fut le 7e abbé. En 877, il se rendit auprès de Charles le Chauve pour solliciter
la confirmation des lettres d'immunité accor-
dées par son prédécesseur et par lui-même.
Charles la lui accorda la 38e année de son règne.
L'année suivante, Guy, évêque du Puy, obtint,
sur un faux exposé, une charte royale qui sou-
mettait l'abbaye de Rostaing à son évêché;
mais Rostaing prouva la fausseté de l'allégation
de l'évêque et fut remis en franchise. Cet abbé
mourut sous Charles le Gros.

Gotescalc fut le 8e abbé. Il ne fut élu que
bien des années après la mort de Rostaing, et
les rois, qui avaient passé rapidement durant

cette vacance du siège abbatial, avaient mis le monastère du Monastier-Saint-Chaffre dans les mains des évêques du Puy, qui le faisaient régir par des administrateurs laïques. Ceux-ci s'étaient mis à l'aise pour le spolier et les seigneurs pour usurper ses biens. Il s'en était suivi un déplorable relâchement de la discipline.

C'est dans ce triste état que Gotescalc trouva son abbaye, lorsqu'en 920, il en prit le gouvernement. Mais élevé, quelques années après, sur le siège épiscopal du Puy, qu'il occupait déjà en 927, pour remédier au mal, il donna en 937, la 2e année de Louis d'Outre-mer, une charte mémorable. En voici les principales dispositions :

Le monastère de St-Chaffre, ayant perdu par sa propre incurie et par la rapacité des séculiers, ses ressources et ses biens, se trouve réduit à un si grand dénûment et à une si excessive indigence, que l'état religieux ne saurait s'y maintenir. Cependant, j'ai résolu sa conservation. Je prie donc Arnulfe, abbé de St-Geraud, d'Aurillac, d'y rétablir l'observance de saint Benoît, de le prendre sous sa direction et de le pourvoir de religieux qui suivent exactement la règle. Toutefois, s'ils venaient à s'écarter de la régularité, nous ordonnons, le comte Geilin, moi et les autres évêques, qu'ils perdent les biens qu'ils tiennent de notre libéralité, Rosières, Chamalières, Lavoûte, Colanse et tout ce qui dépend de ces lieux.

Geilin, comte de Valentinois, pays qui s'é-
tendait en-deçà du Rhône jusques sur les fron-
tières du Velay, prit l'abbaye sous sa protection, la combla de biens, et les comtes, ses
successeurs, en furent les bienfaiteurs.

Gotescalc se réserva la principale autorité
sur l'abbaye, et il l'exerçait encore en 955,
comme il paraît par une donation de dix menses et de différens biens situés dans la vignerie
d'Issarlès en Vivarais, faite par Etienne, homme
honorable, au monastère de l'abbé Gotescalc.
Gotescalc fut le premier qui joignit à sa crosse
d'évêque la crosse d'abbé de saint Chaffre ;
mais nous verrons qu'il ne fut pas le seul.

Cet évêque-abbé avait fait, cinq ans avant,
un pèlerinage à saint Jacques en Galice, et, pas-
sant, à son retour, par un monastère de la
Navarre, il y avait fait transcrire le Traité de
saint Ildefonse sur la virginité de la mère de
Dieu, dont il apporta la copie en France et en
fit présent à son église. Les Normands et les
Hongrois avaient livré aux flammes des biblio-
thèques entières ; les livres avaient disparu dans
les incendies des églises et des monastères ; les
guerres civiles et la corruption des mœurs met-
taient le comble à l'ignorance, et c'était un des
plus excellens dons à faire que d'offrir des
livres.

Jérôme, archevêque de Bourges et métropo-
litain de la province, Begon et Guy, successi-

vement évêques du Puy, confirmèrent les donations et la réforme de l'abbaye. Elle reçut encore
de nombreuses donations tant dans le Valentinois et le Diois, que dans le Velay. Dans ce
dernier pays, on lui donna Vorey où fut fondé dans la suite un prieuré pour les religieuses.

Arnulfe eut à peine relevé et réformé le couvent, qu'il y mit Dalmace, son disciple.

Dalmace fut le 9ᵉ abbé. Dalmace prit possession de son siège la 7ᵉ année de Louis d'Outre-
mer, en 946. Selon Estiennot, il se nommait
de Beaumont et il était frère de Rorice de Beaumont, fondateur du couvent de Chamalières,
qu'il soumit au monastère du Monastier-Saint-
Chaffre. L'abbé Dalmace apporta du couvent de
Saint-Gilles un des vrais clous qui avaient
servi au crucifiement de N. S. L'an 950 ou
951, Etienne, évêque de Nîmes, lui soumit le
couvent de Ste-Enimie.

Au milieu du Xᵉ siècle, l'état de bien des églises et des monastères était déplorable. Les guerres précédentes et les seigneurs en avaient ruiné
un grand nombre. Le couvent de Ste-Enimie en
Gévaudan, se trouvait, en 951, dans une entière désolation. L'évêque Etienne s'adressa donc
à Dalmace, abbé de Saint-Chaffre, et il le pria,
du consentement de son chapitre, des seigneurs
du pays et, en particulier, du vicomte Bernard,
de prendre ce monastère sous sa conduite et d'y

envoyer des religieux pour y rétablir l'observance régulière. Dalmace s'excusa d'abord, mais il finit par y consentir, à condition que lui et ses successeurs y auraient pleine autorité. Etienne, après avoir pris l'avis de son clergé et du peuple du lieu, accepta la condition, du consentement du marquis Raymond, avec lequel il fit, plus tard, un voyage à Rome où ils obtinrent du pape Agapet la confirmation du rétablissement de Ste-Enimie.

Ulfald fut le 10e abbé. Vers l'an 956, il était déjà prieur du couvent sous Dalmace. Achidius, évêque de Die, donna à son monastère l'église de St-Jean-de-Carvol. En 959, Armand et son frère, Guillaume de Polignac, donnèrent les biens qu'ils avaient à Pradelles à la sainte église de Carméry, construite dans le bourg du Velay, qui avait été le village d'Amnoric.

Il est fait mention d'Ulfald dans la donation que Geilin, comte de Valence, fit de l'église de Macheville, d'un clos de vigne, d'un verger, de ses terres y adjacentes et d'un village appelé *Canilis*. Cet abbé est encore nommé dans la donation faite par le même, de l'église de St-Andéol-d'Escolenc, dans la viguerie de Pradelles en Vivarais, datée de 961. Cette même année, qui était la 24e du règne de Conrad, Ulfald fut comblé d'éloges pour la construction d'une nouvelle église dans laquelle il transféra les corps de saint Eudes, de saint Théofrède, de saint Fortunat et de deux saints Innocents. Cette église passait pour magnifique et admirable et elle lui fit beaucoup d'honneur et de réputation.

Avant 974, Ulfald était évêque de Die. Il conserva son titre d'abbé, mais il fit gouverner le monastère par Armand qui était un de ses chanoines. Celui-ci remplit les fonctions d'abbé sous Lothaire et Louis V, dit le Fainéant.

Guy Ier fut le 11e abbé. En 991, Aspar et sa femme donnèrent à l'abbaye de St-Chaffre une maison avec cour et jardin. Bertrand et Pétronille, sa femme, donnèrent une mense à ce monastère, *le Christ régnant; n'y ayant pas de roi terrestre.* (Hugues-Capet n'était pas encore reconnu roi dans le Velay.)

Guy d'Anjou, évêque du Puy, du consentement d'Adelaïde, sa sœur, comtesse du Gévaudan, fit construire au Puy, hors la ville, un couvent qu'il dédia à saint Pierre et qu'on appela St-Pierre-du-Monastier. Il passa bientôt dans la ville, dont il n'était séparé que par le mur d'enceinte. L'évêque dota richement le couvent de sa fondation. On peut voir l'énumération des biens qu'il lui donna dans l'histoire de Notre-Dame du Puy, par M. Monlezun. Après l'avoir ainsi pourvu, il le soumit à l'abbaye du Monastier-St-Chaffre où il prit le prieur et les treize premiers religieux.

Guy, à l'exemple d'Ulfald, son prédécesseur, conserva jusqu'à sa mort le titre d'abbé.

Guillaume Ier fut le 12e abbé.

L'an 1001, Agnus de Polignac, qui avait souscrit pour la fondation de St-Pierre-du-Monastier au Puy, fit une donation au monastère de St-Chaffre.

Guillaume était peu propre aux fonctions de sa charge, et ce fut sans doute le sentiment de son incapacité qui le détermina à s'en démettre l'an 1036, sous Henri Ier.

Guillaume II fut le 13e abbé. Il était fils du seigneur de Solignac et de la sœur de saint Odilon, abbé de Cluni, et cousin germain de Pierre de Mercœur, évêque du Puy. Il fut élu en 1036. De son temps, le comte Humbert fit don du couvent des Echelles, du diocèse de Grenoble, au monastère de St-Chaffre et au couvent de St-Laurent. La donation est datée de l'an 1042. En 1053, Etienne de Mercœur donna à St-Chaffre le prieuré de la Graillouse en Vivarais.

L'abbé Guillaume parvint à une extrême vieillesse qui favorisa le relâchement. A la fin de ses jours, la discipline avait beaucoup perdu.

Guy II fut le 14e abbé. Avant son élection, il était moine et apocrisiaire, ou trésorier du couvent. Sous son gouvernement, il y eut des *avoués* qui pillèrent le monastère jusqu'à ce que Sylvius, fils et successeur de Rédemptus dans cette fonction, touché de repentir, répara, en 1061, les maux qu'ils avaient causés.

Le comte Geilin et Lambert, évêque de Valence, firent, chacun, une donation considérable. Se sentant accablé du poids de la vieillesse, l'abbé Guy eut le bon esprit de donner sa démission en 1074.

Il acheta la terre de Volhac des deux fils de Pons de Fay, qui la lui vendirent avant leur départ pour la Croisade, en 1087, et Jerente de Bisat lui vendit sa campagne de l'Herm, avant de partir pour la Palestine.

Jerente Bisat, partant pour la Croisade, vendit, en 1093, à l'abbé Guy, le village de l'Hermet, sa part des offrandes et des dîmes. Guy était évêque de Glandève sous Hugues-Capet et sous Robert, son fils.

Guillaume III fut le 15e abbé. Avant son élection, il était prieur de Ste-Enimie. Il fut béni par Hugues, évêque de Die, son ami. Il fit rentrer les biens aliénés ou usurpés et il les employa à réparer le couvent et l'église, tombés dans un état de délabrement complet. Il rétablit aussi la discipline, qui était fort relâchée.

Adhémar, évêque du Puy, donna au couvent du Monastier-St-Chaffre l'église de St-Amand, de Chadron.

En 1085, Adhémar, évêque du Puy et fils du comte de Valentinois, lui donna les églises de Saint-Front, de Coubon, de Chadron et de Saint-Vincent-de-Solignac. Adhémar, illustre comme évêque, guerrier et légat du Saint-Siège, avant son départ pour la Terre-Sainte, vint passer huit jours en retraite dans l'abbaye de Saint-Chaffre. Geilin, comte de Valentinois, confirma la donation de l'église de St-Victor-de-Valence, faite par ses prédécesseurs, à l'abbaye de Saint-Chaffre.

En 1096, une transaction fut passée entre l'abbé Guillaume et les seigneurs de Mesène, du diocèse de Viviers.

Guillaume IV, fils de Geilin, fut le 16e abbé. Il fut élu par les religieux et béni, en 1097, devant l'autel de Ste-Marie du Puy, par Hugues, évêque de Grenoble, en l'absence d'Adhémar, évêque du Puy, parti pour la 1re Croisade. Lorsqu'il eut pris possession, il s'appliqua à une étude sérieuse des besoins matériels de son église et de sa maison, et des besoins spirituels de ses religieux. Il pourvut ensuite à tout avec un zèle si éclairé et avec tant de succès, qu'il lui en revint une grande célébrité.

L'église reçut beaucoup d'embellissement, le couvent fut réparé et la discipline reprit sa vigueur et sa régularité. La bibliothèque ne fut pas oubliée, il l'enrichit de beaucoup d'ouvrages nouveaux. Jusques là les chartes du monastère étaient restées à l'état de pièces détachées; Guillaume chargea le religieux le plus capable de les transcrire pour en former un corps ou un cartulaire et d'y joindre la chronique du monastère. On pense qu'il ne fit exécuter ce travail, intéressant pour l'histoire du couvent, qu'après son retour de Rome, où il alla demander à Urbain II une nouvelle confirmation des dons et des privilèges dont jouissait son abbaye. Il l'obtint, l'année suivante, aux Calendes d'avril.

Les évêques Adhémar du Puy, Léger de Viviers, Adhémard du Rouergue, lui soumirent plusieurs églises et le couvent de Severac.

Bernard IV, comte de Melgueil, le fit prier de lui envoyer l'habit de son ordre par ses religieux et il reconnut cette profession laïque, qui était alors de mode chez les princes et les seigneurs, par un don de cinq mille sous et par une rente annuelle de cent sous.

Assez sur l'abbé Guillaume et sur son administration. Revenons au Cartulaire et voyons ce que c'était que la chronique.

Dom Mabillon et Estiennot ont exploité l'un et l'autre. Mabillon a inséré la chronique et la série des abbés dans sa *Gallia Christiana*. C'est ce travail qui nous a guidé dans ce que nous avons écrit jusqu'ici sur le couvent de St-Chaffre.

L'auteur du Cartulaire fut fidèle à sa tâche, seulement il fit quelques retranchemens qui ne nuisaient pas au fond des choses. Il ne négligea que des parties accessoires dont la répétition était fréquente et sans intérêt, comme les préambules, les anathèmes, les imprécations, etc.

Quant à la chronique, on a prétendu, Baillet entre autres, que la vie de saint Théofrède, par un anonyme, moine du couvent, avait été remaniée et que la relation de la mort du saint martyr n'était pas la même que celle donnée par l'auteur; mais on a la preuve que cette relation est de l'anonyme. D'abord elle est de son style, et puis, il la promet dans le corps de sa légende, bien avant de l'aborder.

A quelle époque la chronique a-t-elle été écrite? Il est certain que c'est avant la fin du Xe siècle. Le moine qui en est l'auteur dit que de son temps l'entrée de l'église était encore interdite aux femmes; or, cet usage, ancien dans bien des monastères, n'est tombé en désuétude qu'à la fin du Xe siècle.

Ce moine nous apprend qu'il avait entre les mains un écrit de saint Théofrède, intitulé: *Micrologus de mundi lapsu senario :* soit, un Traité sur le sixième âge du monde, qui finissait par une prose cadencée : *Determinat eum sermone rithmitico*. Il ajoute que ce petit ouvrage avait été dénaturé par un faussaire, mais qu'il allait le rétablir dans son intégrité primitive et le rendre de nouveau digne du Saint qui en était l'auteur. Saint Théofrède avait cultivé la poésie et brillait par ses connaissances. Malheureusement son opuscule est perdu.

Le père Labbe, tome 2 de sa bibliothèque, donne deux éloges de saint Théofrède. Le premier est divisé en neuf petites leçons, apparemment pour servir à l'office du Saint; mais sa vie y est rapportée d'une manière si étrangement différente de celle de la chronique, qu'il est impossible de concevoir comment on a pu représenter si diversement la même personne. Cet éloge, mieux écrit, ne peut être que du XII° siècle.

L'autre éloge doit être encore plus moderne. Il y est fait mention d'une bulle du pape Pascal, pour exempter le monastère de la juridiction épiscopale. Ce que l'auteur, M. Bosquet, évêque de Montpellier, dit de meilleur, il l'a pris dans l'anonyme, mot pour mot. Seulement il a fait une variante sur la date de la mort de saint Théofrède, qu'il rapporte à l'an 732 au lieu de 728, qu'il a trouvé dans l'auteur.

L'anonyme, moine du lieu, dans des temps relativement rapprochés, a pu connaître les faits beaucoup mieux, par la tradition de la

aison, malgré un certain éloignement du temps
ù ils s'étaient accomplis. Assurément, il y a de
 charge dans ses récits et même des fautes de
hronologie ; mais il est aisé de rectifier les da-
es et de discerner ce qui est de son fonds d'a-
ec ce qui est historique. Il suffirait presque
our cela d'un peu de sens critique, lors même
u'on ne trouverait ailleurs que des données
nsuffisantes pour contrôler en détail son his-
oire.

Franco fut le 17ᵉ abbé. Sa renommée laissa
eaucoup à désirer et son nom ne fut pas inscrit
ans les fastes du couvent ; on ne le trouve que
ans ceux de la maison de Chamalières.

Guillaume V fut le 18ᵉ abbé. En 1124, Gau-
erand, évêque de Viviers, et son neveu, Guy
e Montaigu, confirmèrent la donation du cou-
ent de Gloirac.
L'an 1135, Guillaume, chanoine du Puy,
eigneur de Goudet, et ses neveux, affranchi-
ent le monastère du droit qu'ils avaient d'y
tre traités le jour de la fête de saint Théofrède,
t dès-lors il ne relevait plus que du Saint-
iège, moyennant une modique redevance.
'était sous le règne de Louis VI, dit le Gros.

Bérald fut le 19ᵉ abbé. Il obtint du pape
ucien II la confirmation de toutes les dona-

tions faites à son monastère jusqu'à l'an 1144,
sous Louis VII, dit le Jeune.

Bertrand fut le 20ᵉ abbé. Adrien IV donna,
la 15ᵉ année de son pontificat, une bulle pour
la confirmation des possessions du couvent. Dans
cette bulle furent relatées plus de 230 églises
assujéties au monastère du Monastier-St-Chaffre.

Pierre Iᵉʳ, de Belmont, fut le 21ᵉ abbé. Il gouvernait en 1166, sous le règne de Louis VII.

Pons de Chalencon fut le 22ᵉ abbé. Lors de
son élection, en 1172, il était prieur de Chamalières. En 1186, il gouvernait encore ; C'é-
tait sous Philippe II, surnommé Auguste.

Guillaume VI de.... fut le 23ᵉ abbé.

Pierre II, de Servissac, fut le 24ᵉ abbé. Il avait
été prieur de Chamalières. Sous Philippe II, en
1203, il gouvernait encore.

An... fut le 25ᵉ abbé. Dans les fastes du couvent, il figure, en 1205, avec ces deux ini-
tiales.

Guillaume VII de Montclar fut le 26ᵉ abbé.
Cet abbé, d'une illustre naissance, gouverna
de 1206 à 1208. Quoiqu'il ne fît qu'y passer,

il laissa de grands biens au monastère. De son temps s'organisa la croisade contre les Albigeois.

Soffred fut le 27ᵉ abbé. En 1223, l'année de la mort de Philippe II, il devint évêque de Grenoble. Il donna à son second successeur, Raymond de Barjac, mille sous pour l'abbaye de St-Chaffre.

Pierre III, de Gaudin, fut le 28ᵉ abbé. Il était mort ou il s'était retiré en 1231, sous le règne de saint Louis.

Raymond de Barjac fut le 29ᵉ abbé. Une lettre de Soffred, évêque de Grenoble, fait mention de lui en 1242.

Entelme Iᵉʳ fut le 30ᵉ abbé. Il gouvernait en 1258.

Jordan de Châteauneuf fut le 31ᵉ abbé.
1263, Contestation sur un bois entre vénérable père en Dieu, Jordan, par la grâce de Dieu, abbé du Monastier-St-Théofrède, dans le diocèse du Puy, pour soi et pour les prieurs des prieurés des Estables et de Coux, d'une part; et personnes religieuses, le sieur prieur et couvent de la maison de Bonnefoy, ordre des Chartreux, d'autre.
Cette contestation se termina par une sentence arbitrale rendue par Bermond, prieur de

St-Apollinaire-de-Gloiras, diocèse de Viviers,
Bertrand-Falcon, prieur de Jourda, diocèse de
Cavaillon, Jean Sauret, chapelain de St-Jean-
de-Lavastre.

1268, échange de dîmes entre l'abbé du
Monastier et l'abbé de Doue.

Sous Phillippe III, en 1272, il permuta avec
le grand prieur d'Auvergne, commandeur de St-
Jean-de-Jérusalem du Puy, le prieuré de Ste-
Marie-des-Echelles, diocèse de Grenoble, contre
une maison et la chapelle de Freycenet, avec
l'approbation de l'évêque du Puy, Guillaume de
la Roue. Témoins : Guillaume de Montrevel,
Jean Cardinal, fordoyen, Jordan de Ceyssac,
Armand de Bouzols, chanoines.

En 1280, l'abbé Jean fit donner par son chapitre, au village de Borne, la faculté de payer
le capital d'une rente de cinq livres qui ne
portait sur aucun fonds déterminé.

Antelme II fut le 32ᵉ abbé. Il gouvernait
en 1284, sous le règne de Philippe III.

Guillaume VIII fut le 33ᵉ abbé. Sous Philippe IV, en 1288, un accord fut passé entre
cet abbé et le prieur, d'une part, et les moines
de l'autre ; il fut confirmé par Etienne D'Au-
dace, prieur de St-Pierre du Puy, et par Ber-
trand-Rogue, prieur de Vinon, choisis par les
parties pour arbitres.

Pierre IV fut le 34ᵉ abbé.

Pierre de Montlaur fut le 35ᵉ abbé. Pierre était d'illustre naissance. Elu après la mort de Pierre IV, il fut confirmé par l'évêque du Puy, en 1293.

De Villars fut le 36ᵉ abbé. Cet abbé, de famille noble, siégea de 1297 jusqu'en 1303, sous Philippe IV.

Raymond II fut le 37ᵉ abbé. Raymond fut de la famille des Ayraud, que l'on croit originaire des environs du Puy. En 1318 elle donna un abbé célèbre à la Chaise-Dieu.

En 1319, sous Philippe V, on fit, selon l'usage, l'inventaire du vestiaire des moines du monastère et des prieurés qui en dépendaient. On nomma, pour dresser cet inventaire, des définiteurs et des commissaires. Même année, noble Bernard de Monteil fit un legs au couvent.

Bernard fut le 38ᵉ abbé. Sous Charles IV, en 1324, le roi de Lithuanie avait demandé au pape, Jean XXII, un évêque pour se faire instruire dans la foi chrétienne et pour la faire prêcher à ses sujets. Le pape lui envoya l'archevêque d'Arras et Bernard, abbé de Saint-Chaffre.

Amblard de Rollands fut le 39e abbé. Il siégea de 1358 jusqu'en 1368, sous Jean II.

Le 11 décembre 1364, « au son des cloches
» de l'abbaye du Monastier-St-Théofrède, révé-
» rend et excellent père Jacques Danno, pre-
» mier abbé dudit monastère Saint-Théofrède,
» et vénérables et vertueux Jean de Besse,
» Hugon de Talaron, habitant au lieu claustral ;
» Hugon de Galan, chamarrier, Guillaume de
» Marzoux, précenteur, Pierre de Bonneville,
» sacristain, de Phoers, prieur des Estables,
» Artaud de Gory, prieur de St-Pierre-le-Puy,
» habitant audit monastère, chefs et adminis-
» trateurs dudit couvent et visiteurs, ont mis
» à la disposition de l'abbé les maisons vieilles
» et neuves, les cours et jardins qui peuvent
» servir au rétablissement et à l'agrandissement
» des fortifications. »

On verra dans l'histoire de la ville que le mur d'enceinte avait dû souffrir des sièges de 1361 et 1363, et que ce fut la raison des travaux qu'on dut exécuter en 1364 pour se prémunir contre de pareilles éventualités.

C'est ici la seule fois que l'on trouve le gouvernement du monastère partagé entre deux abbés, et c'est sans doute à raison des circonstances extraordinaires. L'occupation de la ville et du couvent par Perrin Bouvetaut, avait duré deux ans, et il est vraisemblable qu'elle avait laissé trop à faire pour un seul abbé. Am-

blard de Rollands est porté dans la série de la
Gallia Christiana, et il n'y a pas plus moyen
de révoquer son titre en doute que celui de
Jacques Danno, qui se trouve dans l'acte nota-
rié cité ci-dessus.

« Transaction passée en 1368, entre les re-
» ligieux du Monastier et Guillaume de Poin-
» sac, pour et au nom de Mandonnet, son fils,
» succédant aux biens de noble Falcon du
» Moulin, par laquelle le seigneur de Poinsac
» s'oblige de payer au couvent un légat de 50
» livres, annuel, fait au couvent par ledit du
» Moulin, pour être fait une pitance chaque
» jour de saint Thomas, apôtre, et oblige aux
» tous et à chacun ses biens. Reçu Mᵉ Eyraud,
» notaire. »

Jacques fut le 40ᵉ abbé. Il figure dans les
fastes du monastère, de 1369 jusqu'à 1374,
sous Charles V. En 1374, il fut élu abbé de
Cluni et il mourut le 29 juin 1383, à Avignon,
où il fut inhumé dans l'église de St-Martial,
d'après la chronique de Cluni. Il gouverna sous
Charles V et Charles VI.

Gilbert fut le 41ᵉ abbé. Il fut promu par une
bulle de Grégoire XI, datée d'Avignon, la 5ᵉ
année de son pontificat, 1375. Il mourut en
1386.

Drogon fut le 42ᵉ abbé. Drogon de St-Vidal fut élu, au plus tard, en 1390 sous Charles VI. L'année suivante il prêta au chapitre de Notre-Dame du Puy, selon l'usage, le serment de fidèle confraternité. Voici la formule de ce serment, toujours prêté en présence de l'évêque, à moins qu'il neût lui-même le titre d'abbé :

« *Je N. jure d'être fidèle frère du chapitre du Puy et de maintenir l'union fraternelle qui a régné de tout temps et règnera encore entre le chapitre et l'abbaye, et je la garderai en tout ce qui ne préjudicie pas aux droits de l'abbaye, comme l'ont fait mes prédécesseurs.* »

L'abbé de Doue prêtait le même serment et avait droit, comme l'abbé du Monastier, de porter le surplis dans l'église du Puy et d'assister aux séances du chapitre.

Bompart-Ayraud fut le 43ᵉ abbé. En 1419, il était à la tête du monastère. Il gouverna non-seulement les trois dernières années de Charles VI, mais bien des années sous Charles VII.

Vital Erail ou Hérail fut le 44ᵉ abbé. On le trouve nommé dans deux chartes de Montolivier, datées de 1451 et 1459, du temps de Charles VII, et dans une bulle du 20 mai 1493, sous Charles VIII. Cette pièce porte qu'il résigna son abbaye à François d'Estaing, prêtre,

chanoine et comte de St-Jean de Lyon. En
1484, Jean de Bourbon donna 1200 livres pour
une messe chantée tous les jours en l'honneur
de Notre-Dame, à son autel, derrière le chœur
de St-Chaffre. En 1490, Jean de Barbon, du
Monastier, fit don de 1200 livres pour une
messe chantée chaque jour dans l'église abbatiale.

François d'Estaing fut le 45ᵉ abbé. Il était
fils de noble et illustre Gaspard, seigneur d'Estaing, et de Jeanne de Moral. Il eût un frère
nommé Antoine, qui fut évêque d'Angoulême.
François fut élu abbé en 1492. Il fit refaire la
voûte de l'église qui menaçait ruine, bâtir le
chœur, construire un grand clocher, qui est
celui d'aujourd'hui, et placer les marches qui
se trouvent devant la grande porte de l'église.
C'est encore à lui qu'on doit l'orgue, travail
admirable. Il enrichit le chœur de belles tapis-
series. Enfin, il fit construire le pont d'Estaing,
sur la Colanse. « En 1495, François d'Estaing,
» protonotaire du Saint-Siège, abbé commen-
» dataire de l'abbaye du Monastier-St-Chaffre,
» conseiller du roi Charles VIII, et par lui ac-
» cordé et donné à Lyon sur le Rhône, obtient
» un jour de marché par semaine, pour lequel
» on a choisi le mardi. Il dirigea le monastère
» sous Charles VIII et Louis XII. »

Gaspard de Tournon fut le 46e abbé. En 1500, il prêta au chapitre de Notre-Dame du Puy, le serment de confraternité qui était de rigueur, la première fois qu'un abbé du Monastier allait prendre place parmi les chanoines de la Cathédrale. Gaspard fut le dernier qui le prêta. Il devint évêque de Valence.

Charles Ier de Senneterre fut le 47e abbé. Il était fils d'Antoine de Senneterre et de Marie d'Allègre. Sous François Ier, en 1520, il promulgua une bulle de Léon X, pour la confirmation d'un accord conclu entre Antoine de Chabannes, évêque du Puy, et son chapitre, au sujet de la collation des prébendes. Il était abbé et seigneur du Monastier, le château lui appartenant, et baron de Freycenet-Latour, St-Front, Truchet et autres lieux.

Par lettres patentes données du château du Monastier-St-Chaffre, le 24 juin 1534, il nomma bailli en la juridiction du Monastier et Freycenet, Vidal de Gerenton, pour exercer cette charge conjointement avec autre Vidal de Gerenton fils, et l'un en l'absence et survivance de l'autre. Il se retira en 1560, sous Charles IX.

Antoine de Senneterre fut le 48e abbé. Il était fils de Senneterre et de Marguerite d'Estempes. Les Senneterre étaient une très-ancienne famille d'Auvergne (1). Antoine dut l'abbaye du Monastier à son oncle Charles, qui la lui résigna. Jeune encore et à peine sousdiacre, il fut nommé presqu'en même temps abbé d'Aurillac ; mais en juin 1561, il permuta cette abbaye avec Martin de Beaune, et il obtint l'évêché du Puy. Il fut ordonné diacre à l'ordination de Noël et prit ensuite possession de son siège. Son sacre n'eut lieu que le 23 mai 1563. Il retint l'abbaye de St-Chaffre en commende.

Sa vie épiscopale fut toujours agitée. Dès l'année 1562, il eut à soutenir le siège du Puy, attaqué par six ou sept mille religionnaires commandés par Blacons, lieutenant du fameux baron des Adrets, qui commit des cruautés inouies à Montbrison, où il faisait sauter ses prisonniers du haut en bas de la tour du château (2). L'évêque défendit sa ville en se mettant à la tête de la principale noblesse du Velay, qui s'y trouvait assemblée pour l'arrière-ban, et de bon nombre de seigneurs qui s'y étaient rendus

---

(1) Les Senneterre, Senectaire ou St-Nectaire descendaient de l'illustre maison d'Allègre, qui était une des principales du voisinage du Velay.

(2) Des Adrets, pour les voir sauter, se tenait au haut de la tour. Un d'eux ayant reculé plusieurs fois comme pour prendre son élan, des Adrets lui dit: c'est donc bien difficile? Monseigneur, répondit-il, je vous le donne en dix! Cette réponse lui sauva la vie.

pour affaires. De ce nombre étaient Laurent de Bouzols, de Beaune, Latour-Maubourg.

Artaud de Cenat, dans une sortie, attaqua, sur le Breuil, Claude-Armand de Polignac qui avait passé aux religionnaires et, sa troupe ayant lâché pied, Claude voulut le faire prisonnier ' mais il ne put y réussir. Blacons ne leva le siège qu'après avoir saccagé Aiguilhe, les faubourgs et pillé les églises de St-Jean, des Carmes, des Cordeliers et des Jacobins; pris et ruiné le château d'Espaly, qui appartenait à l'évêque. Sur le bruit que le frère de l'évêque approchait à la tête d'un corps de troupes, le chef des protestans décampa, en laissant dans la ville une cinquantaine de prisonniers qui furent pendus au Martouret.

Honteux de n'avoir pu pénétrer dans la ville du Puy, Blacons erra quelque temps sur les montagnes, cherchant une proie plus facile. Il la trouva dans le monastère de la Chaise-Dieu, qu'il dévasta, mais il ne put mettre la main sur les objets précieux; les moines les avaient placés dans la grosse tour carrée que le pape Clément VI avait fait bâtir, et ils s'y étaient retranchés avec les habitans du bourg.

Sarras, autre capitaine des huguenots, surprit la ville de St-Etienne. Les barons de Saint-Vidal et de Saint-Chamond, après avoir débusqué Blacons de la Chaise-Dieu, allèrent tomber sur Sarras au moment où ses troupes pillaient Saint-Etienne, et ils les passèrent au fil de l'épée.

Cependant l'édit de pacification, daté d'Amboise le 19 mars 1563, ne fut suivi que d'une éphémère suspension d'hostilités; car l'on ne fut pas longtemps à guerroyer de nouveau de part et d'autre.

Les états du Velay s'étant assemblés au Puy, le 7 novembre 1567, il fut annoncé à l'assemblée que, le 21 octobre précédent, le roi avait nommé, par lettres patentes, gouverneur du Velay, Antoine de Senneterre, évêque du Puy. L'évêque proposa aux états de lever 200 arquebusiers à cheval et 600 hommes à pied pour établir des garnisons dans les villes et les châteaux-forts, afin de tenir tête aux ennemis qui, de St-Agrève, menaçaient Yssingeaux, Tence, le Monastier. Cette demande fut accordée par les états.

Le Puy, de son côté, fit renforcer ses fortifications par la construction d'une nouvelle tour près de la poterne d'Avignon. On la commença de forme ronde; mais, de l'avis de l'évêque, on la continua de forme carrée. Les religionnaires de la ville ayant conspiré et projeté une trahison, on les constitua prisonniers dans la maison d'un chanoine, en face de l'église de St-Pierre. Un historien du temps dit qu'il ne saurait les nommer à cause du grand nombre qu'il y en avait. Antoine, au mois d'octobre, fit venir dans son palais les protestans du Puy, leur fit connaître les égorgemens de la Saint-

Barthélemy et les intentions de Charles IX; ils abjugèrent presque tous le calvinisme et firent leurs pâques le dimanche suivant.

L'année suivante, un protestant, nommé Terrisse, eut une querelle avec un catholique et le blessa. Cette affaire fit du bruit; le peuple demandait la mort de Terrisse; l'évêque le prit sous sa sauve-garde et le ramena à la foi.

En 1573, une trève fut conclue entre les catholiques et les protestans de la province, mais elle fut bientôt violée. L'évêque du Puy prit plusieurs châteaux dans le Vivarais et dans le Velay, entr'autres celui de Fay. Latour-Maubourg ayant donné sa démission de gouverneur du pays, Antoine de Senneterre fut nommé par le maréchal de Damville pour le remplacer.

L'année suivante, Vidal Guyard, fils d'un maréchal-ferrant, à la tête de 120 religionnaires, marcha sur Espaly, le surprit en s'introduisant dans le bourg à la faveur du clair de la lune. Le bruit s'en étant répandu dans la ville, on y courut en armes pour déloger la troupe de Guyard. L'évêque n'approuva pas cette précipitation. Alors on se borna à quelques mesures de précaution. Les religionnaires se fortifièrent, brûlèrent la moitié du bourg qui gênait la défense du château et mirent les habitans à contribution. Saint-Vidal assembla quelques compagnies; de Volhac, capitaine-général, y joignit celles qu'il avait au Puy. Avec ces forces, ils attaquèrent Espaly, le battirent en brèche, montèrent à l'assaut, emportèrent le bourg, mais ils ne purent s'emparer du château.

St-Vidal, désespérant de s'en rendre maître, quoiqu'il eût reçu des renforts, convint avec l'évêque de tenter la voie des négociations; mais les exigences de Guyard les firent rompre. St-Vidal usa d'un stratagème : il écrivit à Morfouse, officier de la troupe de Guyard, que celui-ci lui avait promis de le livrer avec la garnison. Morfouse fut dupe de ce mensonge; il fit tuer Guyard; mais il reconnut aussitôt qu'il avait été trompé. Il prit alors le commandement de la garnison qui résista, quelques jours après, à un rude assaut. Une nouvelle négociation fut entamée. Elle réussit et le château fut enfin évacué.

Le 15 avril 1589, il fut enjoint au baron de Chaste, qui commandait pour le roi, de remettre entre les mains de l'évêque les places dont il s'était saisi, et de cesser les hostilités. Cet ordre, émané du parlement de Toulouse, fut exécuté, et les habitans du Puy, à l'exemple des Parisiens qui avaient choisi le *conseil des seize* pour exercer la principale autorité, choisirent vingt-quatre d'entre eux pour l'exercer dans le pays. Ce conseil prit d'abord des mesures pour pousser la guerre avec plus de vigueur, et, le 14 mai, il décida que le sieur de Chaste, sénéchal du Puy, n'ayant pas juré la sainte union, était déchu de sa charge, et il fit choix de St-Vidal pour le remplacer.

Le 17 du même mois, Marguerite de Valois, reine de Navarre, chargea deux gentilshommes de négocier la paix entre Chaste et les seigneurs du Puy. Ces deux seigneurs se rendirent à Polignac, où était Chaste qui agréa leurs propositions. Il fit ouvrir le lendemain des conférences qui furent rompues à la fin du mois, et la guerre recommença.

Le mois suivant, huit députés de Toulouse se rendirent au Puy, se réunirent à l'évêché et y convoquèrent les habitans. Antoine de Senneterre s'y présenta et prêta serment de rester attaché à la sainte union. Comme on avait douté jusques là s'il était disposé en faveur de la ligue, l'assemblée éprouva une grande satisfaction de l'acte solennel qu'il venait de faire. De nouvelles démarches furent faites par les ligueurs pour amener Chaste et la comtesse de Polignac à leur parti. Des commissaires furent nommés de part et d'autre pour traiter de la paix. Antoine de Senneterre fut un de ceux que désignèrent les ligueurs de la ville. Un traité fut conclu et il fut convenu que le duc de Montmorenci serait reconnu, en Velay, comme gouverneur du pays pour le roi. Malgré ce traité, la division continua entre les habitans. Senneterre, alarmé de l'irritation des esprits, crai-

gnant d'être insulté et même de n'être pas en
sûreté pour sa vie, sortit de la ville et se retira
dans son château d'Espaly. Il le fit fortifier et
y mit une bonne garnison ; puis, il y convoqua
les états du Velay. Ils s'y assemblèrent, et il les
présida.

Le baptême d'un enfant du sieur de Cha-
drac fut l'occasion de nouveaux troubles. Cet
enfant fut tenu par l'évêque et la vicomtesse
de Polignac, femme de Chaste., qui donnèrent
un festin à Espaly, où les nièces de l'évêque
furent invitées. Le château n'étant pas encore
meublé, elles ne purent y coucher et furent
conduites le soir au palais épiscopal par le sieur
de Jalasset, regardé comme dangereux pour
la sûreté de la ville. Les ligueurs coururent à
l'évêché pour le découvrir et le chasser. Ils le
cherchèrent en vain ; mais la nuit se passa dans
un grand tumulte. On fit de nombreuses arres-
tations, et, le lendemain, d'Orvy, premier consul, et son fils, capitaine général, eurent à sortir de la ville, comme prévenus d'être royalistes.
Ils se réfugièrent à Espaly, auprès de l'évêque.
Le Puy étant sans gouverneur, se décida à envoyer six députés à l'évêque pour le prier de
rentrer en ville. Il répondit que les états qui
venaient d'être assemblés s'occuperaient de l'é-
tat actuel où se trouvait la ville.

Dans l'assemblée, les députés du Puy se
plaignirent à Chaste de ce que, malgré le traité

de pacification, il entretenait des troupes quoique la ville eut congédié les siennes; de ce qu'il donnait asile aux ligueurs transfuges, et de ce qu'il avait fait demander au duc de Montmorenci l'autorisation d'agir contre la ville. Chaste ne chercha pas à se justifier de ces griefs et l'accusation n'eut pas de suite.

Cependant, Henri III étant mort de la blessure que Jacques Clément lui avait faite le 1er août, les ligueurs du Puy en apprirent la nouvelle le 15. Ils considérèrent cet événement comme la juste punition d'un tyran.

Le 14 septembre, Montmorenci écrivit aux consuls du Puy de faire reconnaître par leur ville le roi de Navarre pour roi de France et lui-même pour son lieutenant en Languedoc. Cet ordre était suivi, suivant l'usage, de menaces et de promesses. Les consuls assemblèrent le conseil. Pour toute réponse, il décida qu'attendu que les sieurs de Chaste, Chantemule et l'évêque avaient provoqué cette injonction, à la sollicitation des royalistes retirés à Espaly, ils ne rentreraient au Puy ni les uns, ni les autres. Dès-lors de Chaste et l'évêque se prononcèrent pour le Béarnais.

Le Puy ne voulut pas entendre parler de de Chaste; il demanda St-Vidal pour gouverneur. Les consuls et les notables se rendirent à Espaly le 27 octobre et sollicitèrent de nouveau l'évêque de rentrer en ville, lui promettant de ne plus l'abandonner, comme ils l'avaient déjà fait. Il répondit qu'il y consentait si on lui donnait une compagnie de soldats de son choix, attendu qu'il ne pouvait se fier à tout le peuple. Le conseil savait que parmi les ligueurs il y en avait qui menaçaient de le tuer, parce qu'après avoir prêté serment à la sainte union il avait reconnu le roi de Navarre pour roi, et il fut d'avis de ne pas mettre à sa disposition d'aussi grands moyens que ceux qu'il demandait. Cependant l'évêque envoya l'abbé de Veyrac, l'un de ses chanoines, dans la ville pour prendre à sa solde 12 soldats destinés à son service personnel.

Le 10 novembre, les états du Velay s'assemblèrent au château d'Espaly. Du sein de l'assemblée, l'évêque et Chaste adressèrent une lettre aux consuls du Puy et aux habitans pour leur proposer des moyens de pacification. L'évêque exigeait que l'on commençât par la suppression d'une confrérie qui s'était formée sans sa permission; qu'on ne nommât plus de consuls sans son consentement; qu'on renvoyât les gardes des portes de la ville; qu'on lui livrât deux capitaines nommés la Brune et Brindeau; enfin, qu'on mît à sa disposition un quartier de la ville, l'artillerie et 100 hommes de son choix. La ville rejeta ces demandes, le pria de nouveau de rentrer, lui promettant et lui faisant promettre par la vicomtesse, femme de St-Vidal, qu'il ne courrait aucun risque. Il ne voulut pas y acquiescer.

En novembre, les ligueurs firent encore une nouvelle tentative auprès de l'évêque pour l'attirer dans la ville. Il déclara qu'il reconnaissait Henri IV pour roi de France et qu'il ne voyait en eux que ses ennemis.

Le 28 de ce mois, plusieurs gentilshommes établirent une conférence au couvent des Jacobins, pour la réconciliation de Chaste et de l'évêque avec les habitans ; elle dura 10 jours et fut sans succès.

En janvier 1590, les ligueurs saccagèrent les remises que l'évêque avait au faubourg Saint-Gilles, et ils enlevèrent la charpente. Ils coupèrent les arbres des prairies appartenant aux royalistes et, le 16, ils tentèrent de surprendre Solignac au milieu de la nuit ; mais, découverts par la garnison, ils manquèrent leur coup. Quelques jours après, s'étant munis de canons et d'échelles, ils investirent la place, la battirent, firent brèche, montèrent à l'assaut, la prirent malgré la résistance de la garnison, qui se retira dans le château où ils la firent capituler le lendemain, en lui accordant de sortir la vie sauve ; mais ils passèrent au fil de l'épée la plupart de ceux qui avaient combattu la veille. Les ligueurs du Puy ne s'en tinrent pas à cette expédition, mais il n'est pas de notre sujet de les suivre.

Le 1er août, les états du Velay, assemblés à Brives, décidèrent que le Monastier où l'évêque s'était retiré, lui resterait, à condition qu'il ne ferait plus la guerre.

Antoine de Senneterre, qui avait été évêque, moine, guerrier et gouverneur du Velay, mourut dans l'abbaye du Monastier, le 3 novembre 1593 et y fut inhumé. De cette année à 1621, Martin Barri, son neveu, jouit de l'abbaye du Monastier et de celle de Doue ou Doé.

En 1611, les prieurés de Polignac, Mareuil et Veyrines dépendaient de l'abbaye de Saint-Chaffre.

En 1615, noble Gabriel de Cenat, seigneur de l'Herm et Chazeaux, a payé, pour un légat à la chapelle du St-Rosaire, la somme de 30 livres, et demoiselle du Roure Bonne de Nicolas, 13 livres.

Noble Christophe du Roure des Sauvages paya 30 livres pour un légat annuel; noble Louise de Barbon, 10 livres et demoiselle Louise des Sauvages fonda, le 29 novembre 1627, une messe à perpétuité. En 1618, demoiselle Bonne de Nicolas, veuve de Jean des Sauvages, bailli du Monastier, avait aussi fondé une messe.

Charles II de Senneterre fut le 49e abbé. Il fut abbé et seigneur du Monastier, de 1621 jusqu'en 1645. Sa tombe est auprès de celles de ses deux oncles, Antoine et Charles.

Henri de Senneterre fut le 50ᵉ abbé. Son
élection eut lieu en 1645. C'est à son obli-
geance qu'Estiennot dut d'avoir à sa disposition
le cartulaire du monastère pour le compulser
et même le copier à loisir. Il fut en même temps
abbé de Doue. Voici des pièces qui nous font
connaître certaines œuvres pies de son temps :

1638, « Fondation de 12 messes matinières
» faite par religieuse personne, Etienne de la
» Roche, chamarrier de l'abbaye du Monas-
» tier, lesquelles doivent être célébrées en l'é-
» glise abbatiale immédiatement après avoir
» sonné l'*Ave Maria*, et, avant de commen-
» cer lesdites messes, l'on sonnera la grande
» cloche de ladite église l'espace d'un *Mise-*
» *rere*, depuis le 20ᵉ dimanche jusqu'au 32ᵉ,
» et, pour la fondation d'icelles, a donné aux
» religieux 100 livres pour être données à per-
» sonne solvable qui paiera la pension annuelle
» de 5 livres. »

1641, « Fondation de 12 messes basses en
» la chapelle de Notre-Dame du Rosaire, pour
» les premiers mardis de chaque mois, faite par
» Jeanne de Rousset, Jeanne Barthélemy,
» Claudette Badiou, Claudette Boa, demoiselle
» de Gerenton, demoiselle Claudette de l'Herm,
» femme de Veyrac, Jeanne Badiou, Magde-
» laine André, Françoise Cros et demoiselle
» Hippolyte de Benoît.

» Sera sonnée la grande cloche, à grande
» volée, l'espace d'un *Miserere.* »

La pièce que voici n'est pas moins curieuse ;
elle fait connaître la composition et une séance
du chapitre :

1667, « Procuration faite en assemblée,
» dans la salle capitulaire du chapitre de l'ab-
» baye par Monseigneur l'illustrissime, révé-
» rendissime messire Henri de Senneterre,
» abbé titulaire de l'abbaye de St-Chaffre, te-
» nant son chapitre général.
» Etaient présens vénérables et religieuses
» personnes : MM. Toussaint de Favier, cha-
» marrier ; François Drolin, sacristain ; Fran-
» çois de Chabanes, infirmier et vicaire-général ;
» Jean Philibert, dom prieur ; François Cha-
» banes, sous-prieur ; Pierre Badiou, prieur de
» St-Médard, trésorier ; Jacques de Veyrac ;
» messire Nomier, docteur ès-théologie ; Char-
» les Terrasse, prieur de la Chandelle ; Claude
» Lacham ; Mathieu d'Alzon, docteur ès-théo-
» logie ; Pierre du Mazel, Antoine Martin, An-
» toine Leger, Jean André, Marcelin Fosse,
» François de Garavol, Jean Breysse, Pierre
» Armand, dit Maréchal, officiers et religieux
» ès-abbaye et couvent Saint-Chaffre-du-Mo-
» nastier.
» Ils constituent leur procureur-général vé-
» nérable et généreuse personne St-Estienne
» Philibert Chabiscal, gradué, nommé en théo-
» logie ès ladite abbaye pour suivre la reven-

» dication des fonds aliénés dépendant du
» prieuré de Coux, au diocèse de Viviers, ap-
» partenant audit chapitre, et à présent jouis
» par la communauté dudit lieu et autres fonds,
» par le sieur Blanc, prêtre et curé de Labis-
» sac, paroisse de Vessau, et Chalier, paroisse
» de St-Martin, diocèse de Viviers. »

Il résulte de la même pièce, que l'abbaye
avait des emphytéotes aux lieux et paroisses de
Vessau et Chalier.

1675, « Le 27 septembre, après midi, ré
» gnant très-chrétien prince Louis, par la grâce
» de Dieu, par-devant moi, notaire royal et
» témoins ci-après écrits, se sont établis per-
» sonnellement vénérables personnes Jean-
» Claude de la Chau et Pierre André, religieux
» profès en l'abbaye du Monastier-St-Chaffre,
» ordre de St-Benoît, lesquels ont fondé à per-
» pétuité deux messes dans l'église abbatiale
» dudit Monastier; présens et acceptans véné-
» rables et religieuses personnes Toussaint de
» Favier, aumônier; Pierre Badiou, sacristain;
» François de Chabanes, infirmier; François de
» Favier, chamarrier; Henri de Barbon, pré-
» centeur; Jean Philibert, dom prieur claus-
» tral; Jacques de Veyrac, vicaire-général;
» Jean Breysse, sous-prieur; Pierre du Noyer
» des Sauvages, maître des novices; Charles
» Terrasse, recteur de la Chandelle; François
» de Garavol, vicaire de St-Médard; Estienne

» du Noyer des Sauvages, Simon de la Roche,
» Antoine Layes, Marcelin Fosse, Pierre, reli-
» gieux en ladite abbaye.

» Ces messes seront dites à voix basse, l'une
» dans la chapelle du St-Rosaire, et l'autre
» dans la chapelle de St-Joseph. »

Le 20 avril 1677 mourut dans son abbaye
Henri de Senneterre.

Armand-Pierre de la Croix fut le 51e abbé.
Il était fils de Pierre René de la Croix et d'Eli-
sabeth de Bonzy. Il fut à la fois abbé du Monastier et de Grandville.

1685, légat de noble Charles de Cenat, seigneur de l'Herm, reconnu par Erail et Artaud
de Cenat, ses aïeux. Même année, légat de
noble Charles du Noyer des Sauvages, seigneur de Freycenet.

Pierre de Bonzy fut le 52e abbé. Il devint
évêque de Béziers, puis de Toulon; enfin, archevêque de Narbonne et cardinal. Il mourut
en 1703.

Armand-Pierre de la Croix de Castries fut le
53e abbé. Il était neveu, par sa mère, du cardinal de Bonzy. Il fut d'abord archidiacre de
Narbonne, puis archevêque désigné de Tours,
et aumônier ordinaire de Madame la duchesse
de Bourgogne, et il fut nommé abbé du Monas-

tier et de Grandvaux; mais il devint ensuite archevêque d'Alby, et il resta abbé commendataire du Monastier.

En 1710, Armand-Pierre de Castries, abbé commendataire, le prix fait pour la construction d'un nouveau cloître fut donné et les matériaux qui y servirent furent tirés de la démolition d'une écurie qui avait été bâtie des matériaux, des fragmens de colonne, de sculpture d'un cloître plus ancien, dont il ne restait alors que deux arcades et demie (deux toches et demie) en-dessous de la chambre du secrétaire. Cette reconstruction fut faite aux frais et dépens de la cote-morte de feu messire Henri de Senneterre, par ordre duquel l'ancien cloître avait été démoli. Elle coûta 9,500 livres. L'adjudication eut lieu au mois de juin de ladite année 1710.

1720, procédure et verbal devant le juge-mage du Puy, avec ordonnance portant permission de démolir une écurie pour en employer les matériaux à réparer les toitures de l'abbaye.

1723, de Veyrac-Lespinasse renonce au renouvellement d'un bail en vertu duquel il jouissait du pré de la foire, appartenant au couvent.

En 1744, Armand, archevêque d'Alby, se fit représenter aux états du Velay, tenus au Puy, en qualité d'abbé de St-Chaffre.

L'année suivante, les états du Velay furent présidés par Jean-Georges le Franc de Pompi-

gnan, qui succéda, probablement alors, à l'archevêque d'Alby, comme abbé commendataire
de l'abbaye St-Chaffre. Du moins, il est certain
que cet évêque fut le dernier des abbés de cette
grande maison.

En 1751, le chapitre était composé de doms
Ennemond de Veyrac du Chayla, officier et
vicaire-général; Gabriel de Barbon, chamarrier;
Charles de Barbon, secrétaire; Gabriel de la
Valette, aumônier; Robert de Parand de la
Saunière, précenteur; Lavastre, sous-prieur;
Jean André, prieur titulaire de Ponteils; dom
Petitcler, syndic.

Lorsqu'en 1787 le couvent fut supprimé par
un édit de Louis XVI, il s'y trouvait les religieux dont voici les noms :

De Goys, prieur claustral, successeur d'Arcis;

De Goys, frère du précédent, né à Mazeyrat,
désigné, le 21 mars 1794, pour être transporté à la Guyanne. Il fut exilé à l'île de Ré.

Laribette, deux frères;

De Barbon, aussi deux frères;

De Besset;

Du Mazel de Montpezat;

La Colombe, son frère;

De Molines de Rorès;

De la Beaume de Giraud, né à Nonnière
(Ardèche), martyrisé à Lyon, le 9 décembre
1793;

Le prieur de Chassand;

Rapin, de la Savoie, habile musicien ;

Jacques de Cenat de l'Herm, Gaillard aîné, novices, qui furent exilés à l'île de Ré, le 21 mars 1794.

J'ai déroulé la chaîne brillante des illustres abbés qui ont porté la belle crosse de saint Théofrède. Il n'y eut à la tête de son monastère que des hommes d'un mérite distingué, de haute naissance. Plusieurs devinrent évêques et même archevêques. L'un d'eux fut cardinal. Ils forment, autour du bienheureux prince qui en fut le fondateur, une grande et glorieuse couronne dont le Monastier et le Velay ont le droit de se parer et d'être fiers.

Les données et les renseignemens que m'ont fournis le passé et le présent épuisés, ma tâche est remplie. Il ne me reste plus qu'à exposer les résultats de mes études sur la ville du Monastier.

NOTE.

On trouve à Paris, dans la bibliothèque impériale, galerie des manuscrits, le cartulaire rédigé par un moine du monastère de St-Théofrède, sous l'abbé Guillaume IV, en 1087, sous ce titre :

De reparatione chartarum éditarum à monacho monasterii sancti Theofredi, de mandato Guillelmi IV, abbatis, anno 1087. *Vulgò,* LIVRE ROUGE.

Dans la collection du président Doat se trouvent les Titres, de 1080 jusqu'à 1256, sur le diocèse du Puy, avec d'autres Titres de l'abbaye de la Chaise-Dieu.

Je tiens ces indications de M. Aymard, archiviste du département, et je les donne à ceux qui voudraient plus de détails que je n'en ai reproduits sur les affaires du couvent. Je crois en faire connaître assez pour contenter quiconque veut s'en faire une idée, plutôt que repaître une vaine curiosité.

Note fournie tardivement par M. Alirol, secrétaire de l'évêché, chanoine de Notre-Dame et membre de la Société académique du Puy.

(Extrait du compte de la cote-part des décimes du diocèse du Puy.)

En 1516, sur 2,416 livres 10 sous 6 deniers, Mons l'abbé de St-Théofrède fut taxé à 100 livres; les religieux de son abbaye, à 100 livres; le sacristain de ladite abbaye, à 18 livres 10 sous; le chamarrier, à 30 livres; l'infirmier, à 3 livres; l'aumônier, à 4 livres 4 sous; le précenteur, à 2 livres.

Le curé de St-Fortunat, à 1 livre 14 sous; le curé de St-Jean-du-Monastier, à 2 livres.

En 1641, l'abbé de St-Théofrède fut taxé à 1,668 livres; les religieux, à 248 livres; le sacristain, à 400 livres; le chamarrier, à 500 livres; l'infirmier, à 302 livres.

En 1646, l'abbé de St-Théofrède fut taxé

à 1,100 livres; ses religieux, à 120 livres; le sacristain, à 267 livres; le chamarrier, à 334 livres; l'infirmier, à 202 livres.

En 1718, Mons l'abbé du Monastier fut taxé à 833 livres 12 sous 6 deniers; les religieux dudit monastère, à 225 livres; le chamarrier, à 92 livres; le sacristain, à 65 livres; l'infirmier, à 60 livres; l'aumônier, à 40 livres; le précenteur, à 10 livres.

Le curé de St-Fortunat-du-Monastier, à 6 livres 10 sous; le vicaire dudit St-Fortunat, à 3 livres; le curé de St-Jean-du-Monastier, à 8 livres; le vicaire de ladite paroisse, à 3 livres 10 sous.

Le curé de St-Médard, près du Monastier, à 1 livre 10 sous.

Si le curé de St-Médard-de-Châteauneuf. n'avait pas été taxé, je n'aurais pas eu à le citer; mais, puisqu'il vient témoigner de l'existence de sa paroisse, il me préserve de deux procès retentissans que n'auraient pas manqué de m'intenter certains critiques sur les preuves ayant les mêmes bases, par lesquelles j'établis victorieusement l'existence de la paroisse de St-Médard, et l'existence de la paroisse antérieure de Saint-Victor. Merci donc au curé de St-Médard, car j'ai horreur de la chicane.

II.

LE MONASTIER.

La ville du Monastier n'est pas restée étrangère au monastère ; elle le sentait respirer dans son sein : aussi avait-elle sa part de ses revers et surtout de ses prospérités. Cependant elle avait une existence séparée, une vie différente. La vie du monastère était toute religieuse et intérieure. La vie de la ville était active, publique et civile. Pour la faire connaître, il faut donc en faire l'histoire à part. Or, ce n'est pas chose aisée. Les documens font défaut, il y a pénurie de faits connus ; et, du reste, elle n'a jamais joué un grand rôle, ni obtenu d'autre rang que celui d'une des huit principales villes du Velay. Son administration a été la même que l'administration de cette province dont elle a toujours fait partie. Elle s'est aussi ressentie de ses révolutions et de ses malheurs.

Avant de décrire la ville, faisons la topographie de son site montagnard.

Au-dessus du Monastier se dresse la longue arête d'un mont terminé en plateau, qu'on appelle la Moutette. Il va du midi au nord. Dans les roches verticales qui en forment le rebord basaltique, se voient encore quelques grottes taillées de main d'homme. Ce *vicus* remonte à une grande antiquité. Il est probable qu'il date, ainsi que plusieurs autres du voisinage, ceux de Breysse, de Lantriac, de la Terrasse, d'une époque où le Velay était peu habité et encore moins civilisé, et que les grossiers habitans de ces cavernes avaient fini par les abandonner pour bâtir, sur le versant de la montagne, les premières maisons d'Amnoric.

Au-dessous de la ville, une large prairie d'un riche produit, appartenant jadis au couvent, s'étend jusqu'à la rive droite de la rivière de Colanse, qu'on appelle aujourd'hui Gazeille.

Sur la rive opposée, en face de la ville, s'élèvent des terrains ondulés et montueux qui laissent voir dans leurs plis le gros hameau de St-Victor, et finissent par borner l'horizon à l'ouest. Jadis ils étaient couverts d'une forêt où les frères de St-Théofrède trouvèrent un refuge contre les Sarrasins. Aujourd'hui on y voit des prés qui donnent des foins excellens et des champs qui produisent le seigle et l'orge.

Du même côté et dans la même perspective, se détachent les ruines pantelantes d'un château fortifié, appelé Châteauneuf. Il a été possédé par de grands seigneurs et il a soutenu des sièges dans les guerres du Velay. Suspendues au sommet d'un rocher escarpé, ces ruines sont d'un effet très-pittoresque.

C'est un peu moins d'à moitié distance du Puy au Mezenc, et non loin de la rive droite de la Loire, qu'est le Monastier, petite ville de 2,500 habitans, chef-lieu d'une paroisse de 4,500 âmes et d'un canton.

Une rue d'un kilomètre compte pour les trois-quarts de la ville. Cette rue est parcourue par la route du Puy à Montpezat. De son entrée à la place, elle se nomme Langlade, depuis que les Anglais l'ont occupée et saccagée, en 1361. On y découvre encore des traces de leur passage, dans les fondemens des maisons qu'ils ont détruites. De la place à sa sortie, elle se nomme St-Jean, du nom de l'église dédiée à St-Jean-Baptiste, qui est presqu'au bout. Cette église existait déjà au IXe siècle. Par sa population, St-Jean fut, jusqu'en 1803, la principale paroisse du Monastier.

L'autre partie de la ville consiste en un renflement irrégulier, à peu près central, qui a sa base à la place et à la grande rue, et son développement du côté de la montagne.

La place est un carré long, mais étroit.

L'église du couvent s'élève un peu au-dessus. On y monte de la place par un passage et par une vingtaine de marches qui aboutissent à la grande porte.

De l'entrée du passage, qui est une des portes des anciens murs d'enceinte, jusqu'à la rue de Langlade, règne, le long de la place, un vieux pan de mur d'une grande élévation qui servait de rempart et qui, en même temps, soutenait la haute terrasse du jardin des moines, au milieu duquel il y avait un joli bassin alimenté par un jet-d'eau. Ce jardin n'existe plus. On voit, au nord du jardin devenu le marché au blé, une des plus belles croix de mission du diocèse, dressée en 1839.

Au sud, on voit encore, adossée à la sacristie et à l'église, l'ancienne maison des novices. Les révolutionnaires de 1793 la considérèrent comme faisant partie de l'église, et ils ne la comprirent pas dans la vente du couvent. Après le concordat de 1801, elle se trouva à la disposition de la fabrique, qui l'affecta au logement des vicaires.

Le couvent est à l'est du jardin. C'est Pierre Armand de la Croix de Castries qui fit bâtir, en 1754, le cloître ou plutôt la galerie. M. de Chabanes, qui l'acheta à bas prix, des révolutionnaires, aucun des habitans du Monastier n'en ayant voulu à aucun prix, en fit ensuite l'abandon à la ville.

Le rez-de-chaussée et le 1er étage se composent de pièces voûtées. Au rez-de-chaussée

étaient l'office, le réfectoire, la salle du chapitre, celle des exercices, les archives. Au 1ᵉʳ,
les cellules des moines. Au 2ᵉ étage étaient
l'infirmerie, la lingerie, etc. Les corridors
étaient sur le derrière, du côté du cimetière.
La régularité et la solidité faisaient le principal
mérite de ce vaste édifice dont les murs sont
encore peu dégradés. Le toit, détruit en 1826
par un incendie, fut renouvelé en 1828.

Une partie des étages supérieurs est inhabitable; la mairie et la justice de paix se sont
installées dans ce qui ne l'est pas, et le rez-de-
chaussée est loué aux grainetiers. Les moines
avaient leur cimetière derrière le couvent; il
était clos d'un mur qui passait près du château.

Construction lourde du XIIᵉ ou du XIIIᵉ
siècle, le château forme un grand carré qui,
à ses quatre angles, a des tours maussades.
La façade du sud est flanquée d'une cinquième
tour où la porte seigneuriale se fait remarquer
par sa décoration architecturale qui encadre les
armoiries des Senneterre, aux cinq fusées. Les
tours sont tronquées à la hauteur du toit qui
commence à s'affaisser de vétusté.

Au nord de cet édifice négligé, où la ville a
établi les Frères des écoles chrétiennes, est un
champ de foire appelé le Vallat. C'était le verger de l'abbaye. Au Monastier, la végétation et
le mauvais rapport de quelques arbres fruitiers
est possible.

Sur le côté méridional de l'église abbatiale

était l'église paroissiale de St-Fortunat, entourée de son cimetière. Ces églises n'étaient séparées que par un passage. En 1793, celle de Saint-Fortunat fut rasée et le cimetière ne servit plus aux inhumations. L'emplacement de l'église détruite et du cimetière supprimé forme la place disgracieuse dite de l'Abbaye. On appelle encore l'Abbaye un massif de maisons qui, de cette place, s'étendent sur la gauche de la rue St-Jean.

De l'autre côté de cette rue est l'hospice, composé de plusieurs corps de bâtimens peu considérables. Il est médiocrement doté pour les besoins du lieu. Les dames de la Présentation, qui ont une maison à Langlade pour l'instruction des jeunes filles, tiennent aussi l'hospice.

Dès le XIIIᵉ siècle, le monastère, son église, celle de St-Fortunat, un pâté de maisons et le château étaient renfermés dans un mur d'enceinte dont il reste encore quelques parties du côté de la place, et trois portes, dont une est sur la place et les deux autres au sud, appelées *Porte-rouge* et *Porte-de-fer*.

L'église abbatiale est l'édifice le plus remarquable. Elle est une des plus anciennes et des plus belles du diocèse du Puy. Construite en pierres volcaniques, rougeâtres et noirâtres, elle forme une croix latine. Ses transseps sont convenablement développés. La nef, grande, élevée, a près de trois fois la largeur des bas-côtés.

Les piliers sont carrés et flanqués de colonnes
engagées. Six sont tronquées en consoles his-
toriées ; deux, du côté de la porte, sont entières. Les arcades, de construction différente,
sont les unes bysantines, les autres romanes,
preuve d'un travail exécuté à diverses époques.
Les travées, au nord, sont irrégulières ; il y en
a en ogive à pointe obtuse et à cintre plein.
Il en est de même des arcs-doubleaux des nefs
latérales. La voûte est de la grande construction
historique du Xe siècle. De riches claveaux colo-
riés décorent les réunions des nervures. Les
nefs latérales ne paraissent remonter qu'au XVe
siècle et sont au plus du XIVe siècle.

Le chœur manque d'ornementation. De gra-
cieux arcs ogivaux bordent la galerie qui en
forme le cintre. Les chapelles sont nues ; une
seule est décorée richement. Ses peintures mu-
rales représentent les armes des Senneterre et
plusieurs têtes d'hommes et de femmes de leur
famille. C'est un beau cartouche. On y voit le
chiffre 1548. Cette chapelle, dédiée à sainte
Véronique, était la sépulture des Senneterre.

La nef manque de clarté. Elle n'est éclairée
que par une fenêtre percée dans la façade et
par les fenêtres inégales des collatéraux. Ces
ouvertures sont cintrées, flanquées intérieure-
ment et extérieurement de colonnettes légères à
chapiteaux historiés, ornés d'aigles et de griffons.

On entre par trois portes : au nord se trouve

5

celle des moines; au midi et à l'ouest, celles du peuple. La porte de l'ouest est la seule qui présente un caractère grandiose. Malheureusement, sous de barbares badigeonnages, ont presque disparu colonnettes engagées, moulures, bas-reliefs, archivoltes décorées d'incrustations coloriées qui en faisaient l'ornement.

La façade laisse encore reconnaître le style bysantin. Elle a ses corniches saillantes, des arcades latérales pour des statuettes, de doubles archivoltes à claveaux rouge, noir et blanc et des mosaïques.

Le clocher, qui est sur le transsep du nord, est une tour octogone surmontée d'une flèche assez élancée. Il est digne du monument qu'il signale à la curiosité des voyageurs et à la piété des fidèles.

L'église actuelle, dont je viens de faire la description, n'est pas celle que fit construire Calmin. Elle n'est pas non plus sur le même emplacement. Celle que fit bâtir le pieux seigneur auvergnat traîna son existence tout le long du VIIe siècle, dans une décadence progressive, et elle menaçait ruine, lorsqu'en 804, l'abbé Ductrau en obtint, de Louis le Débonnaire, la reconstruction. Ce roi, élevé par les moines, aimait à faire des constructions religieuses. Il fit bâtir ou réparer 26 églises ou monastères. De ce nombre fut celui de St-Chaffre.

L'église actuelle ne conserve plus rien de

cette première reconstruction. Il n'y a même que le plan et les bas-côtés, réparés depuis, qui soient de celle de l'abbé Ulfald qui, en 961, fit bâtir une nouvelle église dans laquelle il transféra les corps de saint Eudes, de saint Théofrède, de saint Fortunat et de deux saints Innocens. S'il y eut translation de ces reliques, c'est qu'on les prenait dans une église pour les porter dans une autre. On les prenait dans l'église restaurée par Louis le Débonnaire, qui était l'église de Calmilius, condamnée à la démolition, pour les placer dans celle de l'abbé Ulfald, construite sur un nouvel emplacement. Du reste, celle-ci surpassait tellement l'autre en grandeur et en beauté, qu'elle fut qualifiée d'*admirable*.

Comment saint Fortunat se trouvait-il en compagnie des saints abbés de Carmère ? On peut conjecturer que ce diacre, envoyé par saint Irénée, de Lyon en Aquitaine, pour convertir les habitans de cette contrée, encore idolâtres, fut martyrisé dans le voisinage d'Amnoric, et qu'une fois converti, ce village plaça les précieux restes de ce martyr dans sa première église, où, plus tard, les moines les prirent pour les mettre plus honorablement dans la leur. Amnoric, au temps de Calmilius, était déjà une ancienne paroisse, et rien n'empêche de croire que l'église de St-Fortunat, dont la destruction ne s'est accomplie qu'à la fin du

XVIIIe siècle, fut la première église du village
devenu la ville du Monastier. Cette église a dû
passer par bien des vicissitudes, mais les habitans l'ont conservée à tout prix, comme un monument plein des souvenirs de la foi primitive
de leurs pères.

Celle de St-Jean, qui devint avec le temps
l'église de la paroisse la plus populeuse, fut
bâtie lorsque le bourg, s'étant allongé au sud
sur la route de Montpezat, eut pris un développement considérable. Ce fut, sans doute, au
8e siècle, car nous avons vu qu'au milieu du 9e,
l'abbé Galtère obtint de Pepin le Bref l'établis-
sement d'un marché par semaine auprès de
cette église, afin d'attirer plus de monde et de
faire servir le commerce à l'agrandissement de
la nouvelle paroisse. Il en fut du Monastier
comme d'une infinité de villes et de villages,
qui durent leur naissance ou leur développement aux nouvelles familles qui vinrent se
grouper autour des monastères et des châteaux
où elles trouvaient des ressources et du travail.

Louis XVI ayant sécularisé le couvent par
un édit de 1787, motivé sur le relâchement
des moines, leur église devint paroissiale, sous
le titre de St-Fortunat et St-Théofrède, qui
sont encore les patrons de cette paroisse, restée
la seule du Monastier. Après son érection, elle
fut pourvue d'un curé par l'évêque du Puy.
Le vicaire de l'ancienne paroisse de St-Fortunat

mit opposition à cette nomination. Un procès
s'ensuivit, mais le curé fut maintenu. A la fin
de 1789, on ne trouve plus dans les registres
la signature de l'ancien vicaire. La paroisse était
transférée à celle de nouvelle création et celle
de St-Jean y fut réunie, plus tard, en vertu du
concordat, le 2 octobre 1803.

Certes, c'est pour moi une bonne fortune
que M. l'abbé Thermes m'ait donné les noms
des curés et des vicaires qui ont administré ces
deux paroisses depuis le 16e siècle, pendant
200 ans.

Voici la liste des curés de St-Fortunat :

Vital Expert fut curé de St-Fortunat depuis
1613 jusqu'à 1649.

Antoine André en fut curé en 1649 jusqu'à
1669. La paroisse actuelle a de lui un ciboire
en argent, sur lequel sont gravés son nom, le
nom de Drolin, son sacristain, et la date 1649.

Vincens en fut curé de 1669 jusqu'à 1694.
Voici, toutefois, de quoi lui contester la possession de cette cure : on trouve, en tête des
registres de l'année de sa nomination, *deux im-
primés* datés du 16 mai, indiquant le nombre
des feuillets, signés Pinot, procureur du roi,
délivrés, l'un à M. Vincens, curé, et l'autre à
M. Titaud, aussi curé de St-Fortunat. Jamais
paroisse n'a eu deux curés à la fois. St-Fortunat
n'en avait donc pas deux. D'où vient alors que
M. Pinot cotait les registres de deux ? M. Pinot était

homme, il pouvait se tromper ; mais M. Vincens
était curé et il ne pouvait pas accepter le col-
lègue que lui donnait l'erreur du procureur du
roi ; or, il l'aurait fait en collant à son registre
l'imprimé qui donnait à M. Titaud le titre de
curé, s'il lui avait été donné par erreur. Nous
avons donc un curé de trop. Mais voici bien
une autre affaire : car, peut-être, les deux sont-
ils de trop. C'est la seule fois qu'il soit fait
mention de M. Titaud, et puis, on ne trouve
plus rien de M. Vincens.

Claude Conrozier fut curé de St-Fortunat de
1694 à 1725.

Nicolas en fut curé du mois de mai 1726
jusqu'en 1759.

Liolard, né au Puy, en fut curé depuis 1759
jusqu'à 1770.

Jacques Gire, du Puy, rue St-Gilles, en fut
curé de 1770 à 1789. Il mourut cette année,
le 21 juillet, âgé de 60 ans.

Ignace-Urbain D'Authier de St-Sauveur, né
au Puy, fut curé de St-Fortunat depuis le mois
de juillet 1789 jusqu'au 1er avril 1818.

M. de St-Sauveur fut le premier qui prit possession de l'église abbatiale à titre d'église paroissiale.

Peu d'années après éclata la révolution. Elle
ébranla le sol de la patrie et finit par teindre le
sol de l'Europe de sang humain ; elle déclara
la guerre à Dieu même, le chassa de ses tem-

ples, les souilla et y installa une courtisane.
Impie et sauvage, elle persécutait, traquait,
emprisonnait, exilait, martyrisait les ministres
de la religion. Que devint alors l'abbé de Saint-
Sauveur, curé du Monastier? Pasteur chéri de
son troupeau, il confia sa vie à ceux qui l'ai-
maient et il la confia à tout son peuple. A la
garde de Dieu et de ses amis, qu'avait-il à
craindre? Du fond de ses cachettes il entendit
souvent les rugissemens des lions altérés de son
sang ; mais les anges du Monastier ne veillaient
pas en vain à sa conservation !

Cependant, en 1797, Dieu permit qu'il fût
mis à une rude épreuve et qu'il souffrît quelque
chose pour son nom. Soit trahison, soit surprise, il fut découvert et arrêté. Citoyen Brenas-
Lagrange, commissaire du *Pouvoir exécutif*,
ordonne à un détachement de soldats de le
conduire au Puy. Le bruit s'en répand, la ville
est en deuil; on accourt de toutes parts et un
rassemblement imposant et menaçant demande
la liberté du prisonnier chéri et vénéré. Alexis
Bérenger, dit Dunkerque, a compris que les
supplications et les larmes sont vaines; il s'ex-
pose pour la délivrance du bon pasteur qui a
longtemps risqué sa vie pour ses brebis. Un
soldat tire sur lui, il tombe mourant pour expi-
rer le lendemain !... Jean Miramand, dit Conat,
qui a fait la même démonstration, est blessé au
pied. Il est arrêté et conduit au Puy, d'où il est

transporté, quelques jours après, à l'île de Ré, en compagnie de M. de St-Sauveur.

Trois ans plus tard, Miramand est rappelé de l'exil; il rentre au Monastier en triomphe; les habitans lui décernent une ovation; ils l'accueillent avec enthousiasme, ils le comblent de louanges, ils sont transportés de joie et pleurent comme le jour de son départ, mais c'est du plaisir de le revoir. Ce jour devient pour eux un jour de fête!

M. de St-Sauveur revint bientôt au sein de sa famille du Monastier, dont il est resté le père adoré jusqu'à ce qu'il est mort en odeur de sainteté, âgé de 65 ans.

Jean James, de Montbonnet, paroisse de Bains, fut curé de St-Fortunat depuis 1818 jusqu'à 1832. Le mois d'octobre de cette année, il fut nommé chanoine titulaire du chapitre de Notre-Dame du Puy, par Mgr de Bonald, alors évêque de ce diocèse, aujourd'hui archevêque de Lyon et cardinal. M. James était l'oncle des deux abbés James, dont l'un est vicaire à la paroisse de St-Laurent, de Paris. L'autre, après avoir été vicaire-général de Mgr de Quélen, a été nommé chanoine titulaire du chapitre de Notre-Dame de Paris, par Mgr Sibour, successeur de Mgr Affre. L'abbé James, prédicateur et écrivain, est un ecclésiastique d'un mérite distingué.

Claude Massardier, des Mazauds, paroisse

de Riotord, est curé du Monastier depuis le mois de novembre 1832.

Voici les noms des vicaires de St-Fortunat :
Depuis 1707,

Ont été vicaires de Saint-Fortunat : en 1707, Talagros ; en 1723, Belut ; en 1727, André ; en 1728, Pascal ; en 1734, Liotard ; en 1759, Gire ; en 1764, Arniquet ; en 1766, Ronac ; en 1768, Bresson ; en 1770, Salme ; en 1773, Hugon, mort à St-Martin ; en 1782, Gire ; en 1789, Charbonnière ; en 1791, Chouvy.

Noms des vicaires depuis 1803.

MM. Dupuy, Habouzit, deux frères, Arnaud, Rey, Martin, Pouderoux, Escoffier, Margerit, Sabatier, Favier, Thermes, Colly, Perre, Fayt, Souvigné, Roubin, Chevalier, Brun, Jughon.

Noms des curés de l'ancienne paroisse
de St-Jean.

Antoine André fut curé de St-Jean depuis le mois d'octobre 1612 jusqu'en 1642. Le 21 septembre 1612, ordonné prêtre dans la chapelle de l'évêché par Jacques de Serres, 84e évêque du Puy, il fut nommé curé de St-Jean du Monastier, et célébra sa première messe dans l'église de cette paroisse, le 27 octobre suivant. Il eut pour parrain, Jean Bénat, son oncle maternel, et pour marraine, Marie de Champetienne.

Au mois de novembre 1613, il alla faire un cours de théologie à la faculté de Lyon. Il étudia trois ans dans cette faculté, dont le professeur de dogme se nommait Milici; le professeur de morale, Montgenet; celui des cas de conscience, Benoît Marlange; et celui d'Ecriture sainte et d'Hébreu, Rovier. Ces professeurs étaient des pères Jésuites.

Le curé André prêcha quatre Carêmes : le premier en 1621, à Paulhaguet, à l'invitation de M. de Laurent, du Puy et chanoine, doyen du chapitre de Notre-Dame. Le second, en 1622, à Ste-Enimie, du diocèse de Mende. A son retour, il assista à la clôture du Jubilé qui venait d'avoir lieu au Puy. Le troisième, en 1626, à Yssingeaux. Le quatrième, en 1628, à Séverac, dans le diocèse de Rodez, où il avait déjà prêché l'Avent l'année précédente, et, en revenant de Séverac, il avait encore prêché à Pradelles, le 1er janvier, jour de la fête de la Circoncision.

En 1636, il avait le titre d'archiprêtre, et, en 1642, il fut nommé chanoine du chapitre de Notre-Dame du Puy.

Les registres qu'il a laissés dans sa paroisse sont un modèle d'ordre et de bonne tenue.

Claude André fut nommé curé de St-Jean en 1642.

Jean Chantemesse fut appelé à la cure de St-Jean en 1644. Il mourut le 16 septembre 1687.

Bertrand fut curé de St-Jean en 1684.

Arcis en fut curé en 1703.

Dubrus succéda à M. Arcis.

Jean-Pierre Martin succéda au précédent, en 1750. Il mourut le 26 juillet 1767, âgé de 66 ans.

André Badiou, né à la Borie, paroisse de St-Fortunat, fut curé de St-Jean en juillet 1707. On a encore de lui une croix de procession en argent. Il mourut le 4 octobre 1783, âgé de 64 ans.

Boffy Lachamp, né à Commarcès, paroisse de St-Martin-de-Fugères, fut curé de St-Jean. Il succéda au précédent en 1783. La paroisse de St-Jean supprimée, il fut nommé curé de St-Pierre-Salettes, où il ne fit qu'une courte apparition. De cette cure il fut transféré à celle de Loudes, où il mourut. Boffy a laissé dans la paroisse de St-Jean de longs souvenirs de sa piété et de sa vertu.

Vicaires de St-Jean.

André fut nommé vicaire à St-Jean en 1637; Chabrier, en 1639; Nicolas, même année; Surrel, en 1642, et Bertrand ensuite; Malzieu, en 1690; Belut, la même année; Molle, en 1698; Baud, en 1700; Blanc, en 1707; Rousson, en 1714; Planchon, en 1715; Lacombe, en 1717; Dubois, en 1721; Dabsent Nicolas, en 1723; Verne, en 1726; Anthourd, en 1737;

Badiou, en 1767; Vigouroux, en 1768; Rochier, même année; Durieu, 1770; Souteyran, 1773; Reynier, originaire de Polignac, en 1777, il devint curé de Freycenet-Latour; Blanc, en 1780; Experton, en 1782, il mourut curé de Vernassal; Chanial, même année; Chazal, en 1783; Terrasse, en 1784, il mourut curé de St-Julien; Nolhac, en 1787. Nolhac eut le malheur de prêter serment à la Constitution civile du clergé. Nommé, après cette faute si grave, à la cure de St-Fortunat, il fut repoussé par le mépris de cette paroisse et dut la quitter bientôt. Teyssier fut nommé vicaire à St-Jean, après le précédent. Il devint curé de Freycenet-Lacuche. Après Teyssier, ce fut Gerentes, qui mourut curé de St-Pierre-Eynac. Gire André, du Mazel, fut nommé vicaire à St-Jean, en 1789. C'est lui qui avait disputé la cure de St-Fortunat à M. de St-Sauveur. Il mourut le 4 février 1792, à l'âge de 35 ans, des mauvais traitemens de trois mauvais sujets. Le dernier fut Marcon, qui exerça jusqu'à la réunion de cette paroisse à celle de St-Fortunat.

Pour en finir des églises de la ville, j'ai à dire qu'il y avait au haut du Vallat une chapelle des Pénitens. Un vieillard de 90 ans, Chareyre, m'a dit y avoir prié. L'on montre encore la place de cette chapelle, et une ruelle qui y aboutissait s'appelle la rue des Pénitens. Si la chapelle est détruite, la confrérie n'a pas cessé

pour cela d'exister; elle se réunit maintenant
dans l'église de St-Jean, devenue une chapelle
où chaque vicaire, à son tour, dit la messe
tous les jours de la semaine.

Voyons maintenant quelle était la circons-
cription des paroisses anciennes et quelle est
celle de la nouvelle. Cette tâche accomplie,
j'aurai clos l'état ecclésiastique du Monastier.

Vers la fin du 17e siècle, le Petit-Freycenet,
qui était des Estables, fut érigé en paroisse, et
un hameau de St-Jean-du-Monastier fut donné
aux Estables en compensation. On donna au
Petit-Freycenet six hameaux de St-Jean, qui lui
sont restés: la Vacheresse, Bénézet, les Roches-
Hautes, les Roches-Basses, les Roches, la Ro-
che-du-Bachas et le Moulin-Beraud.

La paroisse de St-Jean se composait de la
partie sud de la rue de son nom et des hameaux
dont voici les noms:

De l'est au sud, en-deçà de la Colanse,
Chabriac; au-delà, Crouziols, gros hameau,
Granegoules, Avouac, le Fraisse, la Besseyre-
Haute, le Pont-d'Estaing, Salces.

Au sud-ouest, au-delà de la rivière, le Mazel,
Rossignol, Châteauneuf, St-Victor, les moulins
sur la Colanse.

A l'ouest, en-deçà de la Colanse, Meymac.

A l'est, en-deçà de la rivière, Maysous, le
Crouzet-de-Maysous.

Les hameaux de la paroisse de St-Fortunat
étaient:

A l'ouest, les Rascous.

Au nord, le Villard, le Mont, l'Herm, le château de l'Herm.

Au nord-est, la Besseyre-Basse, Molines, la Cueille.

A l'est, la Moutette, la Boric.

Tous les hameaux de St-Fortunat étaient sur la droite de la rivière, et presque tous ceux de St-Jean sur la gauche.

Les hameaux de ces deux anciennes paroisses appartiennent tous à la paroisse actuelle du Monastier.

Il est certain qu'une petite chapelle a existé hors la ville, près du nouveau cimetière, à moitié distance de la rue Langlade au Villard. Lorsqu'elle eut disparu, on la remplaça par une croix de pierre qui prit le nom de *Croix-de-la-Chapelle.*

St-Victor, qui est un gros hameau, à un kilomètre de celui de Châteauneuf, et à trois kilomètres de la ville, a un communal appelé la *Gleise* ou l'Eglise. En y faisant des fouilles pour chercher une source, on y a découvert des ossemens humains. Comment ce communal s'appelle-t-il l'Eglise et d'où y viennent les ossemens qu'on y trouve, s'il n'y a pas eu une église et un cimetière, et si St-Victor n'a pas été le chef-lieu d'une paroisse ?

Mais, d'un autre côté, il est de tradition que le village de Châteauneuf, qui en est si proche, a été une paroisse. Est-il vraisemblable qu'il y ait jamais eu deux paroisses ainsi rapprochées l'une de l'autre et du Monastier ? Il n'y aurait d'invraisemblable que le rapprochement des deux paroisses ; mais encore on peut supposer qu'elles n'auraient existé que l'une après l'autre, que celle de St-Victor aurait été absorbée par celle de Châteauneuf, ou *vice versá*. Il n'aurait fallu, dans la première supposition, que la puissance du châtelain, et, dans l'autre, que la ruine de son village et de son château, qui ne s'appelle Châteauneuf que pour avoir été bâti à la place d'un ancien, détruit, comme tant d'autres, dans les guerres civiles ou les guerres féodales. Les siècles ne manquent pas pour l'existence des deux petites paroisses déjà perdues de vue et de souvenir. La difficulté contre laquelle on se heurte d'abord disparaît donc si on considère les choses avec plus d'attention. Ces paroisses auraient eu, tour-à-tour, les hameaux du mandement du château, qui auraient passé, après leur suppression, à celle de Saint-Jean. Il est toujours certain que les anciens ont vu l'église de Saint-Médard-de-Châteauneuf, et qu'en traçant un chemin près de son emplacement on a découvert, il y a peu d'années, des ossemens humains, ce qui indiquerait le cimetière d'une église paroissiale. Quoi qu'il en soit, un moine de l'abbaye avait toujours, dans le siècle dernier, le titre de Prieur de St-Médard.

Le temps a puissance de vie et de mort; c'est un père qui dévore ses enfans pour leur donner une nouvelle existence, une autre vie, d'autres jeunesses.

Nous avons vu le Monastier, ville et hameaux, décoré de nombreuses et belles églises et d'un monastère antique et célèbre. La foi avait jeté de profondes racines dans une terre si religieuse; aussi les erreurs armées de la réforme furent-elles impuissantes pour l'arracher du cœur de ses habitans, lorsqu'elles firent de déplorables conquêtes sur quelques populations des Cévennes.

Si on envisage le Monastier à un autre point de vue, que ne dut-il pas à son monastère ? Ne fut-il pas le co-partageant des donations qui lui furent faites, et, pour ainsi dire, le commensal de ses religieux ? Comme le cœur verse le sang dans les artères qui le portent dans les organes pour y entretenir la chaleur et la vie, de même le monastère, par les mille canaux de sa bienfaisance, répandait l'aisance dans les maisons de la ville. Il posséda, dans tous les siècles, des biens immenses qui ne furent pas pour lui. Il reçut d'innombrables donations de champs, prés, vignes, bois, maisons, fermes, censives, dîmes, couvens, églises, offrandes, menses. Au 12e siècle, plus de 230 églises lui étaient soumises. Le nombre des moines eut-il été grand, on n'ignore pas que la règle de saint

Benoît leur interdisait tout luxe et leur imposait la sobriété et le jeûne fréquent que le peu d'activité de leur vie leur rendait facile. La richesse de cette maison profitait donc à la ville. Il est bien évident qu'elle doit à son couvent d'être devenue insensiblement ce qu'elle est. Aussi a-t-elle pris le nom de Monastier ou Monastère.

La première fois que l'existence de la ville nous est révélée dans l'histoire, c'est en 1361. Le roi Jean II était prisonnier en Angleterre depuis quatre ans lorsque, pour obtenir sa liberté et la paix avec Edouard, il consentit à céder aux Anglais plusieurs de ses provinces. Les garnisons des villes et châteaux livrés furent licenciées. Elles se réunirent aux Allemands, aux Anglais et autres étrangers qu'Edouard congédia de son côté, et formèrent ce qu'on appela les *grandes compagnies*, les *routiers*, les *malandrins*, qui, s'étant organisés en bandes de brigands, se disant les *tard venus*, mirent à leur tête des capitaines de leur choix, des chefs hardis et expérimentés et ravagèrent la France.

Perrin Bouvetaut, l'un des capitaines de ces pillards, vint mettre le siège devant le Monastier et le prit par escalade. Il pilla la ville et le monastère et brûla, au moins en partie, la rue appelée depuis Langlade. Il établit son quartier-général à l'abbaye, d'où l'on dit qu'il chassa les religieux, ne voulant pas faire ménage avec

6

eux, et il tint garnison dans la place pendant près de deux ans. Pour s'y maintenir, il fit de fréquentes excursions dans les environs qu'il mettait à contribution, enlevant les troupeaux et commettant toutes sortes de vexations.

Mais, le 19 janvier 1363, le vicomte de Polignac, à la tête de la principale noblesse de la sénéchaussée de Beaucaire, vint, à son tour, assiéger ces aventuriers, leur prit la ville d'assaut, le 7 mars suivant, et tailla en pièce la garnison de Perrin Bouvetaut. Au mois de septembre, la sénéchaussée de Beaucaire était entièrement délivrée de ces maudites compagnies et s'endormait, pour quelques semaines, d'un sommeil immense et réparateur dont le réveil fut suivi de nouvelles péripéties.

Pendant que Bouvetaut tenait le Monastier, Seguin de Badefol, seigneur gascon, autre chef de routiers, s'était saisi du château de Châteauneuf. Garin d'Apchier fit lever un subside pour le racheter des mains de ce chef. Au mois de septembre 1364, le maréchal d'Audeneham étant à Villeneuve-d'Avignon, condamna l'abbé de St-Chaffre à payer sa part du subside.

On ne trouve, nulle part, que le Monastier ait été le théâtre d'autres événemens aussi mémorables que ceux qui viennent d'être racontés.

Le 4 juillet 1514, le sieur Saint-Chaumont donna commission à sieur du Roure pour la garde du Monastier.

En 1541, Vital de Cenat, et en 1572, Artaud de Cenat avaient été compris dans le ban et arrière-ban de la sénéchaussée de Nîmes.

En 1561, Artaud de Cenat, seigneur de l'Herm, donna le dénombrement des fiefs et terres nobles qu'il possédait.

En 1583, le baron de Saint-Vidal donna à Artaud de Cenat commission de commander le château de Solignac.

En 1689, François-Alphonse de Clermont de Chaste, comte de Roussillon, et Charpey, sénéchal du Puy, donna à noble Gabriel de Cenat de l'Herm certificat comme il s'était rendu au ban et arrière-ban.

D'après la liste publiée par Jean de Fillère, cette même année se rendirent au ban et arrière-ban, Gabriel de Veyrac, seigneur de la Valette ; Claude de Licieux de Parrand, seigneur d'Oyde ; Christophe du Roure des Sauvages.

Le 27 octobre 1594, le connétable de Montmorency donna commission à sieur du Roure pour commander dans la ville du Monastier.

De Chaste, sénéchal du Puy et lieutenant du roi au pays du Velay, assembla dans le château de Polignac les seigneurs de son parti et leur fit part du dessein qu'il avait formé de surprendre la ville du Puy, où commandait le vicomte de l'Estrange, chef des ligueurs du Velay. Les seigneurs adoptèrent le projet de

Chaste, qui fut confié aux habitans royalistes
de la ville. Mais la femme de l'un d'eux en ré-
véla le secret au premier consul, nommé François Colomb. Le coup de main devait se faire
dans la nuit du 16 octobre 1594. François
Colomb en donna connaissance au vicomte de
l'Estrange. De l'Estrange fit investir, à dix heures du soir, trois maisons où devaient s'assem-
bler les royalistes armés. Ils ne furent pas
plutôt réunis qu'ils furent arrêtés. On les mit
sous bonne garde et on leur fit tout avouer.
L'un des principaux, qui se nommait Gratuze,
déclara que Chaste avait placé 400 hommes
dans l'hôtellerie du faubourg du Breuil, et qu'au
moment où la sentinelle de la tour donnerait
cinq coups de cloche, ils devaient accourir à la
porte St-Gilles, qui leur serait ouverte par les
royalistes de la ville.

De l'Estrange, instruit de ces détails, fit
prendre les armes à sa troupe; ordonna aux
habitans d'éclairer les rues; fit donner aux
hommes de garde sur les murailles la consigne
de feindre de ne s'apercevoir de rien, lors
même que l'ennemi aborderait le fossé, et il
disposa ensuite sa cavalerie et son infanterie
pour une sortie.

Dès le matin, à l'heure où l'on avait cou-
tume d'ouvrir la porte, il s'avança pour une
reconnaissance avec Barthélemy, ancien premier
consul. Mais Barthélemy fut tué par Louis de

St-Pol, capitaine des royalistes, qui, dès-lors, se jetèrent, tête baissée, sur la porte intérieure. Au même instant, la troupe de l'Estrange fondit sur eux avec une telle impétuosité qu'elle les culbuta, les mit en fuite avec un si grand désordre qu'il y en eut 140 de tués sur le Breuil.

Là tombèrent de Chaste, lieutenant du roi; de Chalencon, beau-frère de la vicomtesse de Polignac; Laborie, commandant de son château; Lapierre, capitaine de la garnison de St-Paulien; Pont, commandant du Monastier; le chevalier du Roure des Sauvages. Là perdit aussi la vie le jeune et brillant chevalier de l'Herm, fils d'Artaud de Cenat. Là périrent encore bien d'autres gentilshommes et beaucoup de soldats. Plusieurs furent brûlés dans l'hôtellerie du faubourg, incendiée par les ligueurs. Que penser de ces temps d'aveuglement où l'on ne voyait assez clair pour s'entendre, qu'après avoir fait massacrer des centaines d'hommes! Fallait-il donc se tuer pour crier: Vive Henri IV!

En 1709, lous *Pouzes* ou les Puits, village situé derrière les deux collines du mont bifurqué de Breysse, ne vivait que de vol, de pillage et de brigandage. Les féroces habitans de ce repaire allaient attendre, sur la route voisine, de Montpezat, les voyageurs qui venaient du Vivarais en Velay et ceux qui allaient du Velay en Vivarais. Ils les assassinaient et les dévalisaient. Ils faisaient aussi des excursions dans les environs et les désolaient.

Pour mettre un terme à ces atrocités, l'Intendant du Languedoc envoya deux cents soldats qui surprirent, de grand matin, le village des scélérats de Breysse. Les soldats incendièrent les maisons et massacrèrent ceux qu'ils y trouvèrent. Mais ils manquèrent une vingtaine de ces brigands qui étaient sortis dans la nuit pour leurs expéditions ordinaires. Ces échappés se retirèrent à Marseille, où ils se fixèrent dans une rue qui porte depuis le nom de rue des *Breyssous*.

On voit encore à Breysse des vestiges du village détruit, quelques petits pans de mur et les fondemens de plusieurs maisons.

Le Monastier figurait dans les états de la province, représentés aujourd'hui par le Conseil général du département, dont les attributions sont les mêmes, quoiqu'il ne se compose que d'un seul des trois élémens des états.

« Les états particuliers du Velay étaient composés des trois ordres : de l'église, de la noblesse et du tiers-état. Le clergé y était représenté par l'évêque du Puy, président-né, et par neuf personnats qui étaient : le doyen et le prévot de la cathédrale, le baron du chapitre, qualifié *Monsieur*, l'abbé du Monastier, l'abbé de la Chaise-Dieu, l'abbé de Cluni, le prieur de Goudet, le prieur de Chamalières et le commandant de Devesset. La noblesse y était représentée par 18 barons. Le tiers-état était composé des six consuls de la ville du Puy, et de deux envoyés d'une des huit principales villes du pays, qui jouissaient alternativement de ce privilège. Ces villes étaient : Yssingeaux et Solignac, St-Didier et Roche, Montfaucon et le Monastier, Monistrol et Craponne. Deux commissaires du roi assistaient à l'assemblée des états. » (Le docteur Arnaud.)

Le Puy n'était pas la seule ville du Velay où se tenaient les états : ils se sont tenus trois fois au Monastier, six fois à Yssingeaux, deux fois au château d'Espaly, une fois à Brive.

Le tour de chacune des huit villes qui envoyaient des députés aux états, revenait ordinairement, mais non pas invariablement, tous les deux ans ou tous les quatre ans. Je voudrais pouvoir donner ici les noms de tous les députés du Monastier qui ont assisté aux états du Velay, mais je n'ai pu parvenir à connaître que ceux d'un petit nombre. Les voici :

Le 29 du mois de mai 1494, les états du Velay s'assemblèrent à Yssingeaux. Le Monastier y fut représenté par Pons de Nogaret, envoyé de l'abbé du Monastier-St-Chaffre.

Le 20 février 1591, les états se tinrent au Monastier. Ils y furent convoqués par l'évêque du Puy, Antoine de Senneterre, abbé du Monastier, et par François de Clermont, seigneur de Chaste, gouverneur du Velay. L'assemblée, à l'exception, des députés de la ville du Puy, reconnut le duc de Montmorenci pour gouverneur de la province, et elle fit délivrer un mandat de 400 écus pour deux mois de solde de la garnison du Monastier, à prendre sur les 30 mille écus imposés cette année sur le Velay.

Le 17 janvier 1593, les états s'assemblèrent au Monastier. Le Puy envoya quatre députés.

En 1633, les états se tinrent au Puy. Pierre Gerenton, notaire, premier consul du Monastier, y assista.

En 1649, l'assemblée des états se tint au Puy. Henri de Senneterre, abbé et seigneur du Monastier, et le doyen de l'église du Puy se disputèrent la préséance. Le même incident eut lieu entre le sieur des Cornets, commissaire principal, et le sieur de Chaste, commissaire ordinaire. L'assemblée décida en faveur de Chaste et du doyen.

En 1653, les états se tinrent au Puy. Ils furent présidés par Louis de Polignac, marquis de Chalencon. Henri de Senneterre, abbé du Monastier, à la fin de la séance, donna sa bénédiction à l'assemblée avant qu'elle se séparât.

En 1658, les états se tinrent au Puy. Le Monastier y députa Antoine de Veyrac, sieur de la Valette, consul de la ville.

En 1659, les états du Velay s'assemblèrent au Monastier, dans la salle du château. Ils furent présidés par le vicomte de Polignac. Henri de Senneterre, abbé du monastère, y assista.

En 1666, les états s'assemblèrent au Puy. Pierre de Rousset, consul et député du Monastier, et Henri de Senneterre, abbé et seigneur du Monastier, y assistèrent.

En 1687, les états se tinrent au Puy. Le député du Monastier fut Antoine de Veyrac. En 1690, ce fut Surrel, notaire. En 1691, Gimbert, consul du Monastier. En 1728, Antoine de Belledents de Landos, curé de Lantriac, fut député à l'assemblée des états par l'abbé du Monastier. L'année suivante, ce fut du Noyer d'Oson, chanoine du Puy, qui fut délégué par l'abbé du Monastier. En 1736, don Gabriel de Barbon de Chomeils, fut envoyé aux états par l'abbé du Monastier.

En 1753, les états du Velay se tinrent au Puy. Du Roure, maire du Monastier, y assista. L'assemblée admit à prendre séance, en qualité de baron de Vachères, Jean-Antoine-Augustin de Maillet, dont le père avait acheté, le 19 avril 1720, la baronie de Vachères de René Ysmidon, baron dudit et comte de Sassenage.

En 1757, les états se tinrent au Puy. Le chevalier du Roure, maire du Monastier, y assista. En 1770, ce fut Hébrard, pour le Franc de Pompignan, évêque du Puy et abbé commendataire du Monastier. Quatre ans après, le même Hébrard, devenu chanoine et *Monsieur* du chapitre, y assista en qualité de représentant de le Franc de Pompignan.

De Lavie, avocat au parlement, 1er consul, fut le député de la communauté du Monastier, en 1785.

Sept ou huit ans plus tard, la révolution emporta les anciennes institutions politiques et civiles de la France. Dès-lors, c'en fut fait des états du Velay. Les démolisseurs de l'édifice social n'épargnèrent pas l'édifice religieux. De la même main, ils renversèrent le Trône et l'Autel et, lorsqu'il n'y eut plus de roi, il n'y eut plus de pontifes ni de prêtres. Pour se débarrasser des évêques, les révolutionnaires leur proposèrent d'abjurer la foi et la discipline de l'Eglise. Les évêques se montrèrent tous prêts à mourir plutôt que d'apostasier. Leur déchéance fut prononcée et le peuple égaré fut appelé à leur donner des successeurs.

Le 27 février 1791, M. de Lavie, originaire du Monastier, avocat de profession, nommé procureur-syndic de la Haute-Loire, eut à présider, dans l'église de Notre-Dame, l'assemblée départementale appelée à élire un évêque, en remplacement de Mgr de Galard, déclaré déchu pour refus de serment à la constitution civile du clergé.

Après avoir fait faire l'appel des électeurs, M. Lavie monta en chaire et fit une profession non moins éclatante que courageuse de ses principes religieux et politiques. Il rappela aux électeurs les droits que leur digne évêque avait à

leur vénération et à leur reconnaissance. Il éleva
des doutes sur la légitimité et la nécessité du
serment exigé des ecclésiastiques. Il dit qu'ils
ne pouvaient être destitués que par un jugement, qu'il était contraire à la justice et aux
droits de l'homme d'en agir autrement.

A ces mots, il fut interrompu par des cris
furieux partis de tous les points. Un groupe ar-
mé mit en délibération s'il fallait tirer sur lui ou
aller le poignarder. Cependant, le tumulte di-
minua et M. Lavie, profitant de ce calme, continua la lecture de son discours. Lorsqu'il l'eût
terminé, on voulut le lui faire déposer sur le
bureau, il s'y refusa. Avant de quitter la chaire,
il avait donné sa démission. Il s'évada à la faveur de l'agitation de l'assemblée, sortit du Puy
et se réfugia à Lyon, où il se fit honorer dans sa
profession d'avocat. Devenu, plus tard, procureur impérial au tribunal de Montbrison, il mourut dans cette ville peu de temps avant la
Restauration, avec la réputation d'un savant
jurisconsulte, d'un magistrat honorable et d'un
chrétien exemplaire.

Après la disparition de M. de Lavie, on pro-
céda, au milieu des gardes nationaux rangés en
bataille dans l'église, à l'élection d'un évêque
constitutionnel. Les électeurs du Monastier,
marchant sur les traces de leur compatriote,
M. de Lavie, firent refus du serment exigé
avant le vote, et ils sortirent de l'église, entraî-
nant avec eux seize autres électeurs.

Mgr de Galard, évêque du Puy, voyant son siège envahi par l'abbé Delcher, curé de Brioude, élu évêque de la Haute-Loire, dans l'église de Notre-Dame, par l'assemblée départementale, se retira à Monistrol, où sa sûreté ne tarda pas à se trouver compromise. Les habitans du Monastier l'ayant appris, en furent alarmés et ils lui écrivirent : « Monseigneur, notre ville n'a pas de murailles pour vous mettre à l'abri de vos ennemis, mais elle est remplie de cœurs qui vous sont dévoués. » L'évêque leur fit cette réponse : « La révolution m'apprend à connaître mes amis et mes ennemis. »

Le tribunal civil d'Yssingeaux, instruit de la démarche faite par le Monastier auprès de l'évêque, écrivit à l'évêque de s'éloigner de son diocèse, à la municipalité de Monistrol de le faire partir dans les 24 heures, et à la garde nationale de St-Maurice-de-Lignon, de l'arrêter à son passage, s'il se dirigeait de ce côté. Moret, procureur de la commune de Monistrol, lui écrivit dans les mêmes termes que le tribunal d'Yssingeaux, et Mgr de Galard en prit son parti. Il se retira en Suisse. Son départ eut lieu à la fin du mois de mai 1791.

Le bon esprit que le Monastier manifesta en cette circonstance éclata encore dans bien d'autres. Aucun de ses habitans ne se présenta pour acheter le couvent, lorsqu'il fut mis en vente ; mais tous se levèrent pour délivrer M. de

St-Sauveur, lorsqu'il fut arrêté. Le Monastier ne fit point de victimes, mais il en eut : le bénédictin Honoré Mazoyer, né au Monastier, fut fusillé à Langogne le 12 février 1791. La persécution ne manqua pas à ses autres enfans qui avaient embrassé l'état ecclésiastique. Aucun ne prévariqua. Deux abbés de l'Herm, Pierre, diacre, et Jacques, sous-diacre, furent déportés. leur frère aîné, qui n'était pas encore marié, se cacha plusieurs années. Il fut arrêté et délivré de prison par ses amis. François, qui était prieur de Monlet, ne quitta pas sa paroisse et courut de grands risques, une fois que les patriotes furent sur ses traces. Il est mort curé de Bas, où il fut regretté comme le meilleur des pères. Jean, qui servait dans le régiment de Condé, émigra. Il rentra en 1806. Mais laissons la révolution pour revenir au Monastier.

La population du Monastier est agricole. Le versant de la Moutette, au milieu duquel se déploie la petite ville, est d'une riche fertilité. Convenablement cultivé, il produit le froment, le seigle, l'orge, de première qualité. La pomme de terre, la rave y viennent en abondance; les fourrages artificiels s'y plaisent et les foins y sont excellens. Dans leur plus grande étendue, les terres des hameaux ne le cèdent en rien à celles de la ville. Du côté des montagnes du sud, il en est autrement; mais, en somme, le Monastier produit plus qu'il ne consomme et il est le grenier des Cévennes.

Riches en pâturages et pacages, les villages du canton amènent aux foires du Monastier de beaux troupeaux de brebris et de moutons gras, qui attirent les marchands étrangers. L'on y vient aussi de loin acheter les vaches, les bœufs et les porcs gras, qui ne sont pas moins recherchés aux foires du Puy.

Les marchés sont toujours bien approvisionnés de denrées, de volaille et de gibier. Le Monastier se passerait d'importations, s'il ne manquait de vin. Jusqu'ici il allait le chercher dans des outres, à dos de mulet, en Vivarais ou en Languedoc; mais, grâce au progrès de la viabilité, aujourd'hui les muletiers sont devenus voituriers, et ils chargent, avec les vins du Midi, des bourriches de fruits de toute sorte, l'huile et l'eau-de-vie.

On a remarqué que les pays qui ne cultivent pas la vigne, où le vin est rare, sont ceux qui en abusent le plus. Le Monastier viendrait à l'appui de cette fâcheuse observation : les excès de boisson y font naître de déplorables rixes, trop souvent sanglantes et même homicides. Hélas ! l'abus du vin change les hommes les plus inoffensifs et les plus pacifiques en bêtes féroces ! Trop souvent encore il envenime des différends insignifians qui engendrent des procès dont profitent les renards des tribunaux, pour faire leur proie du bien des malheureux plaideurs ! Mais, aussi, quand viendra une loi

qui supprime les voraces interprètes des parties?... Au sein du peuple le plus sage, le plus
modéré, il faut donc qu'il y ait toujours quelque
furieux et des insensés! O misère humaine!

Les hommes du Monastier sont robustes,
énergiques, laborieux. L'aspérité de leur caractère accuse celle du sol et du climat des montagnes au sein desquelles ils sont parqués. Si
leur vêtement de laine grossière n'est pas sujet
aux capricieuses variations de la mode, du moins
pour la forme, il laisse quelque chose à désirer.
Il en est de même de leur feutre solide, à larges
bords, qui gagnerait à perdre de sa raideur et
de son poids. Les mœurs, les habitudes, la vie
simple, les relations concentrées de ces montagnards, diffèrent peu de celles de leurs ancêtres
des temps primitifs et sont traditionnelles.

La mise des femmes est d'une simplicité ca-
ractéristique. Qu'ailleurs une toilette bizarre et
pyramidale fasse la femme, au Monastier, la
toilette n'en est qu'un accessoire raisonnable et
modeste : un petit chapeau, en forme de disque
concave, couvre leur coiffure qui n'est pas en-
rubanée à la manière de celle des femmes des
villes luxueuses. Les jeunes filles se respectent
et sont belles de leur sagesse. Elles exercent,
comme leurs mères, leurs doigts légers au tis-
sage de la dentelle, qui est leur principale occupation et n'enrichit que ceux qui l'achètent.

Il est regrettable que la langue nationale n'ait

pu se naturaliser au Monastier, qui parle encore celle des Vélauniens du VIIe siècle. Il est certain que son jargon suranné et schismatique l'a privé jusqu'ici des quelques avantages dont le progrès des lumières fait jouir certaines populations du département, qui ont déjà compris que leur patois était un obstacle à la civilisation. Il serait donc de l'intérêt du Monastier de s'exercer, de s'habituer à parler français et d'apprendre à lire.

Au Monastier, comme ailleurs, loin d'améliorer le sort des familles, le partage des biens les fait passer de l'aisance au nécessaire, et du nécessaire à la gêne et à l'indigence. Et puis, il y a assez de riches pour qu'il y ait quelques pauvres. Aussi, dans la mauvaise saison, on en compte déjà jusqu'à quatre cents qui ont besoin d'assistance. Mais, dit-on, pourquoi s'immobilisent-ils sur les lieux et ne vont-ils pas chercher au loin de l'ouvrage? Ils sont enracinés au sol; ils croiraient déroger s'ils n'avaient, chaque hiver, quatre ou cinq mois de misère chez eux.

Il est vrai qu'il est dans leurs mœurs de ne pas s'éloigner des lieux qui les ont vus naître; mais aussi, où iraient-ils? A Paris? A Paris, dans les grandes villes, en hiver, les bras ne manquent pas : on se plaint plutôt du contraire. N'en est-il pas de même dans les campagnes?

Du reste, que feraient-ils? Les Auvergnats et

tant d'autres ne sont-ils pas en possession des métiers de mercier, de terrassier et de carrier ? Nos montagnards iraient donc peupler les hôpitaux ou les prisons : autant rester chez eux que d'aller se démoraliser. De tout temps les riches ont nourri leurs pauvres et ils se sont toujours plaints les uns des autres ; mais les uns seront toujours plus à plaindre que les autres, aux yeux de qui voit plus de privations et de peines d'un côté que de l'autre.

Les communes du canton, qui sont : Alleyras, Chadron, les deux Freycenet, Goudet, Laussonne, Présailles, St-Martin-de-Fugères, Salettes, Mouteyres, s'étaient fait une célébrité déplorable à laquelle la ville n'était pas étrangère. Ces villages passaient pour la Corse du Velay. Je le dis tout bas et je m'apprête à atténuer cette sanglante diffamation. Une jeunesse d'une forte constitution, d'un sang ardent, de mœurs pures, séquestrée dans des lieux sauvages, hérissés de montagnes, ne voyait rien au-dessus de la force, rien de beau comme de mesurer ses forces dans des combats à outrance, de village à village, à l'instar de ceux des guerres féodales, de château à château.

Donc, pour maintenir l'équilibre des puissances cantonnales, ou pour certaines rivalités, les petits villages se coalisaient contre les gros, ou ceux-ci s'attaquaient entre eux. Ils faisaient des levées de boucliers, convoquaient le ban et

7

l'arrière-ban, s'armaient de pistolets, de poignards, de gourdins durcis au feu, et allaient livrer bataille à l'ennemi, un jour de grande foire au Monastier, ou sur son propre terrain, le jour du *Reinage*. Mais alors, par respect pour la religion, la lutte ne s'engageait qu'après la messe. Si les colères et les vengeances avaient été trop concentrées, l'attaque commençait sur la place, au moment et à l'occasion de la danse traditionnelle : ordinairement, c'était, après boire, aux cabarets. Là, on renversait les tables, on cassait les vitres, on se faisait arme du mobilier, des pieds des bancs, etc. Les bouteilles, devenues des projectiles, faisaient couler le vin et le sang. Il restait des blessés et des morts sur le carreau, et les fuyards étaient poursuivis à coups de pierres. Malheur aux vaincus ! Les vainqueurs recevaient, le lendemain, la visite des gendarmes, qui avaient rarement le plaisir de faire connaissance avec les héros de la veille et s'en retournaient penauds.

Aujourd'hui, ces passe-temps héroïques, ces douceurs féroces sont passés de mode et ont perdu leur prestige de gloire.

III.

CHATEAUX DU MONASTIER.

Les anciens châteaux sont loin d'avoir lassé, épuisé la curiosité publique; depuis qu'il n'y en a plus, on en raffole. Aussi bien, quoi de plus merveilleux que les contes et les romans qui en ont fait les théâtres de mille drames palpitans, des enchantemens des fées, des charmes des talismans, des orgies sataniques, des crimes délirans, des effrayantes apparitions des fantômes et des revenans, et d'une infinité de prodiges fabuleux? Toutefois, les vieux châteaux sont moins poétiques dans leur histoire que dans les romans. Si on écarte les fictions qui les ont déshonorés, pour examiner de près ce qu'ils ont été, on éprouve une agréable surprise. On voit dans le monde historique que les anciens châtelains ont fondé plus de villes et de villages qu'ils n'en ont opprimé, tiré plus d'hommes de la barbarie et de la misère qu'ils n'y en ont précipité, élevé plus de familles qu'ils n'en ont ruiné, qu'ils ont fait plus de bien que de mal. Leur souvenir est encore en honneur parmi les habitans de nos montagnes. Est-ce que la vénération s'attacherait aux malfaiteurs? Je ne viens point les réhabiliter, ils sont devenus désormais impossibles. Mais si sous ce régime il y a eu des abus, n'y en a-t-il point sous le nôtre? et puis, n'est-ce pas encore aujourd'hui la multitude qui travaille?..

Le peuple cultivait la terre et les arts et faisait le commerce ; les seigneurs maintenaient l'ordre, rendaient la justice, faisaient la police dans leurs juridictions respectives et défendaient le pays. Ils en chassèrent, avec l'aide glorieuse du peuple, les Sarrasins, les Normands, les Anglais. Ils ont fait la France aussi grande qu'elle est ! Lorsque les calomnies intéressées et les préjugés ignorans seront tombés, on leur fera réparation, et déjà on renonce à poursuivre leur procès, à mesure qu'on apprécie davantage l'aristocratie du capital, qui s'est substituée à la leur.

Je laisserais incomplète la petite histoire du Monastier si je ne revenais sur Châteauneuf et si je ne parlais pas du château de l'Herm. Ils ont appartenu l'un et l'autre au Monastier, et mes compatriotes m'en voudraient de ne pas leur en dire ici ce que j'en sais.

CHATEAUNEUF.

Avant le XIIe siècle, les seigneurs de ce château, dont j'ai fait connaître le beau site et les ruines curieuses, étaient-ils les seigneurs de Montlaur? Je l'ignore. Toujours est-il qu'en 1274, Héracle de Montlaur, frère de Pons, était seigneur de Châteauneuf. En 1277, Pons, fils d'Héracle, en était encore seigneur.

En 1296, noble seigneur Guigon de Roche, en fit hommage, ainsi que de tout ce qu'il y avait, à messire Jean de Cuménis, évêque du Puy. En 1301, noble Guigon de Roche, fils à autre, fit hommage du même château à l'évêque du Puy. En 1313, vente et investiture de ce château fut donnée par le fermier de messire Antoine de Chabanes, évêque du Puy, à puissant seigneur Barthélemy Maurin, acquéreur dudit château et appartenances.

Le 14 mai 1512, noble Barthélemy Maurin, baron de Châteauneuf, seigneur d'Ours et de Mortesagne, bailli du Velay, passa en revue, par ordre de Louis XII, les hommes de la ville du Puy, qui venaient d'être armés et équipés. En 1567, Jacques de Maurin, seigneur de Châteauneuf et du Béage, donna sa démission de l'office de sénéchal du Puy.

On trouve dans les registres de la paroisse Saint-Jean le nom des de Chastel, seigneurs de Châteauneuf, jusques au milieu du XVIIIᵉ siècle. Ce furent eux qui vendirent ce château et ses terres au père de M. Jules de Veyrac, qui est aujourd'hui propriétaire des ruines et du domaine.

Personne ne niera, sans doute, que le hameau de Châteauneuf et le hameau de l'Herm dont je vais parler, ne doivent leur fondation aux châteaux dont ils portent le nom.

CHATEAU DE L'HERM.

(Ce château se nomme l'Herm , *ab heremo*, hermitage.)

Le plan de cette construction gothique représente un carré. La façade de l'est est flanquée d'une tour où étaient la porte et l'escalier. Les quatre angles avaient des tourelles coniques; et le toit, quatre pentes.

La chapelle où étaient baptisés les enfans de la famille, occupait le tiers du rez-de-chaussée du côté du nord; et la cuisine, une partie considérable du côté opposé. Il y avait, au premier étage, deux grandes salles et d'autres pièces. Les chambres se trouvaient au deuxième.

La tour et les murs étaient crénelés. Cette place n'avait pas d'autre défense; c'était donc moins un château-fort qu'une demeure confortable. Découverts depuis un siècle, les murs sont encore debout et le ciment en est plus dur que les blocs de granit dont ils sont bâtis.

Le site fut bien choisi : la vue sé'tendait au loin et embrassait un paysage pittoresque. Un ruisseau murmurait à côté, et la rivière poissonneuse de Laussonne n'en était qu'à quatre cents mètres. Du côté opposé, sous le rebord abrupte du Mont, apparaissait le hameau de l'Herm, qui ne compte aujourd'hui qu'une dizaine de feux. Toute la vaste pente au milieu de laquelle s'élevait ce château, était couverte de bois peuplés de gibier. Il n'était qu'à trois kilomètres du Monastier et à quinze kilomètres du Puy.

Notice généalogique de la maison DE CENAT DE L'HERM.

(Je transcris textuellement.)

« Noble Pierre de Cenat, natif du pays de Bourgogne y habitant par sa femme. »

Nota. Ce Pierre de Cenat fut qualifié noble et illustre dans le contrat du premier mariage d'Hérail, son fils, en date de mil trois cent trente.

« Noble Hérail de Cenat, natif du pays de Bourgogne, fils dudit Pierre. »

Nota. Ce primordial Hérail de Cenat fut marié deux fois. La première fois, dans l'année mil trois cent trente, et du consentement de son père et conjointement l'autorisant, substitua ses biens situés dans la province de Bourgogne, et n'eut point d'enfans dudit premier mariage, le contrat duquel fait dans ladite année substitution graduelle et perpétuelle aux mâles, l'ordre de primogéniture gardé, que seront passés de tous mariages, lesdits biens lui appartenant par sa mère.

« Noble Artaud de Cenat, fils dudit Hérail. »

Nota. Artaud de Cenat, fils dudit primordial Hérail, fut marié deux fois, et capitaine d'une compagnie de cavalerie pour le service du roi, auparavant commandée par ledit Hérail, son père, et acquéreur de partie de la place de l'Herm, l'autre partie auparavant dans ses mains.

Cet Artaud de Cenat fut fils du second mariage dudit primordial Hérail.

« Noble Pierre de Cenat, frère de cet Artaud, du second mariage. »

Nota. Ce Pierre de Cenat, officier dans les troupes de Bourgogne, fut tué devant Nancy.

L'historien Anquetil raconte ainsi le combat où il mourut :

« Charles le Téméraire, duc de Bourgogne,
» ayant livré bataille à René, duc de Lorraine,
» au milieu d'un tourbillon de neige poussée
» par un vent glacial, les chevaux tombaient et
» foulaient aux pieds leurs cavaliers qui, armés
» de toutes pièces, ne pouvaient se relever.
» Il n'y eut de véritable combat qu'autour de
» Charles, qui fut tué, et beaucoup de sei-
» gneurs périrent en le défendant. C'était le 14
» janvier 1477. »

« Noble Hérail II, de Cenat, écuyer, fils dudit Artaud, de son deuxième mariage.

» Noble Artaud II, de Cenat, fils dudit second Hérail. »

Nota. Cet Artaud de Cenat fut marié deux fois, de même que ledit premier Artaud. En 1535, il épousa, en premières noces, Delphine de Chastel, et en 1545, en secondes noces, Françoise de Maurin.

« Noble Jean de Cenat, seigneur de l'Herm et de Flossac, fils dudit Artaud II, du second mariage, épousa en premières noces, l'an 1572, Claudette de Mourgues de St-Germain, et, en 1597, en secondes noces, Jeanne de Mercuret. »

Nota. Ce Jean de Cenat fut commandant en chef de place importante, ville et château, par ordre du lieutenant de Sa Majesté en cette province, comme appert des provisions dûment scellées et signées.

« Noble Gabriel de Cenat, fils dudit Jean, de son premier mariage. Il épousa Valérie de Parand.

» Noble Charles Ier, de Cenat, fils dudit Gabriel et son donataire en faveur de mariage. »

Nota. Charles de Cenat servit Sa Majesté durant trois ans, au secours de Cazal et dans l'armée, fut auparavant, durant trois ans, page à M. le comte de Soissons, après rendit ledit service sous Mgr de la Ferté Senneterre.

Il épousa, en 1634, Anne d'Argenson, et la reconnut de 1,500 livres pour bagues et joyaux.

« Noble Charles II, de Cenat, seigneur de
l'Herm et de Chazeaux, épousa, en 1684, en
premières noces, Marie de Fonbonne, et en
1716, Marie de la Baume de Giraud, mère de
Louis-Gabriel-César de Cenat, père d'Antoine-
Benoit, décédé en 1836. »

Dans la ligne collatérale :

Vital de Cenat épousa, en 1539, Gervaise
de Flossac. Jacques de Cenat, seigneur de Flossac et de Mercuret, épousa, en 1624, Marguerite de Chasse, de laquelle il eut autre Jacques
de Cenat, seigneur de Mercuret, et Adrien de
Cenat, seigneur de Malaval. Elie-Gabriel de Cenat, épousa, en 1670, Anne-Marie du Roure
des Sauvages.

En 1639, Claudette de Cenat fut mariée à
Gabriel de Veyrac de la Valette. En 1663,
Charlotte de Cenat, fille de Charles II, fut mariée en premières noces à Pierre de Rousset, et
en 1678, à Antoine Baud. Charlotte eut trois
sœurs : Laurence, Françoise et Lucrèce de Cenat, et un frère nommé Joachim.

Jean de Cenat, fils de noble Louis-Gabriel-
César de Cenat a été capitaine de cavalerie,
chevalier de Saint-Louis, maire du Monastier.
Il avait épousé, en 1818, Henriette de Bronac,
de Montfaucon.

« .... Nous intendant de justice, police et
» finances de la province de Languedoc, par
» jugement souverain et en dernier ressort,

» avons déclaré Charles de Cenat, seigneur de
» l'Herm, noble et issu de noble race et lignée,
» ordonné et ordonnons que tant lui que sa
» postérité née et à naître de légitime mariage,
» jouiront des privilèges de noblesse; et à ces
» fins, qu'il sera mis et inscrit par nom, sur-
» nom, armes et lieu de sa naissance, dans le
» catalogue des nobles de la province du Lan-
» guedoc. Fait à Montpellier, le 15 janvier
» mil six cent soixante-un. Signé Bazin. Colla-
» tionné à l'original par nous conseiller et se-
» crétaire du roi, Maison et Couronne de
» France, chancelier en la chancellerie de
» Montpellier, signé Bosc. »

Les seigneurs de l'Herm étaient francs te-
nanciers et hauts justiciers sur leurs terres.

Ils étaient allés aux croisades.

Leurs armes sont : d'argent, à l'autruche de
gueules tenant en son bec un fer de cheval
d'azur. Et dans la ligne collatérale, Cénat,
d'azur, à la bande d'or.

ERRATA.

Page 42, ligne 2ᵉ : *ils abjugèrent*, lisez : *abjurèrent*.

Page 58, le *dernier alinéa* est relatif à St-Victor et à St-Médard, dont il est parlé, page 79.

Page 66, ligne 6ᵉ du dernier alinéa : *du VIIᵉ siècle*, lisez : *du VIIIᵉ siècle*.

Page 68, ligne 8ᵉ du 1ᵉʳ alinéa : *du 9ᵉ siècle*, lisez : *du 8ᵉ siècle*.

Page 83, ligne 2ᵉ du 4ᵉ alinéa, au lieu de : *Comte du Roussillon, et Charpey*, lisez : *Comte du Roussillon et Charpey* (Sans virgule).

www.ingramcontent.com/pod-product-compliance
Lightning Source LLC
Chambersburg PA
CBHW052118090426
42741CB00009B/1859